一
步
万
里
阔

耻辱

Disgrace
Global Reflections
on Sexual Violence

Joanna Bourke

[英]乔安娜·伯克 著

李小霞 译

中国工人出版社

目 录

前言　　全球危机　　　　　　　　　1

第一章　羞耻感　　　　　　　　　1
第二章　（不）公正　　　　　　　29
第三章　性别带来的麻烦　　　　　61
第四章　婚姻中的性暴力　　　　　93
第五章　母亲和恶魔　　　　　　123
第六章　清算　　　　　　　　　155
第七章　战争中的性暴力　　　　185
第八章　心理创伤　　　　　　　213
第九章　一个没有性暴力的世界　241

致谢　　　　　　　　　　　　　263

前言 **全球危机**

万达·科尔曼（Wanda Coleman）是我最喜欢的一位女诗人。1983 年，她发表了一首名为《强奸》（*Rape*）的诗，讲述了一名多重性侵受害者的故事。这首诗针对社会看待强奸的态度，提出了一个关键问题：被打上耻辱烙印的不是那些犯下如此恶劣罪行的强奸犯，反而是那些强奸受害者。在科尔曼的诗中，一个女人被强奸，她的男朋友却怪她没有誓死反抗，然后也强奸了她。两名携带武器的袭击者闯入女人的家中，逼她表现得好像他们俩是她的情人。事后，他们甚至还向她吻别，说："要是觉得孤单寂寞，就来个电话。"这首诗的末尾几句格外令人心碎：

> 她呆呆地等着，
> 直到确认，
> 他们不会再回来杀死她。
> 然后，
> 她拿起电话，
> 却误以为，
> 这个世界会理解她。[1]

科尔曼的诗道出了众多强奸受害者的惨痛经历，也再次激起了我心中的沮丧和愤怒。多么耻辱——至今，性暴力受害者仍然会发现，以为"这个世界会理解她"是个"错误"。多么耻辱——在全球范围内，每 5 名妇女和儿童中，就有 1 人会受到性虐待。多么耻辱——有人会拿性别、性取向、种族、民族、阶级、种姓、宗教、年龄、所处时代、体形、身体残疾（或者没有残疾）等作为理由，对性暴力造成的伤害轻描淡写。多么耻辱——那些男朋友、情人，还有丈夫，竟然会觉得自己的性权利天经地义。多么耻辱——执法人员的惯常做法就是不相信那些报告自己遭受性虐待的人。多么耻辱——有权有势的人可以利用他们的权势地位性侵他人。可以说，世界上一些象征"正义"的司法体系对待强奸受害者的方式就是一种耻辱。在20世纪70年代的英国，上报给警方的强奸案中，只有三分之一被最终定罪，真是耻辱。如今，这一比例降到还不足二十分之一。在长达40年的女性主义运动和法律改革之后，换来的竟是这样的结果，真是耻辱。同样令人愤慨的是，我们至今还没有制订出一种有效的、非监禁式的方法来处置有性暴力前科的人。那么多所谓的"好人"不愿去倾听性虐待受害者的心声，多么令人痛惜。此外，我们中的许多人不愿意参与到旨在消除性暴力的运动中，同样令人痛惜。

因此，本书的目的就是呼吁大家行动起来。强奸和性虐待并不是人类文化中不可避免的现象。尽管性暴力在过去和现在都极其猖狂，但我们可以战胜和根除这种暴力。正如我希望在本书中所展示的那样，强奸本质上是一种文化建构。它在不同的时间、不同的地点，表现大不相同。这些差异为建立一个更和谐、更公正、更平等的世界提供了线索。在本书中，我将深入探讨纵容性暴力的各种因素，包括制度、文化和意识形态，并探讨性暴力的行为模式和实际情况。同时，我也会探讨受害者和施暴者赋予这些暴力行为的诸多含义。只有充分了解性暴力的多种形式，从尊重他人生命的角度出发，我们才能推动新时代的女性主义运动，真正在世界范围内消除性暴力带来的苦难。

全球背景下的性暴力

本书所涉及的只是全球性暴力行为（包括身体上和心理上的）中的一部分。毕竟，性暴力的形式千差万别，难以全部涉及。19世纪的爱尔兰农村妇女被诱拐逼婚，与20世纪的美国高中生在约会时被强奸似乎没有什么共同点。同样是遭遇性暴力，一个女人在巴勒斯坦被占领土、里约热内卢的棚户区，或在海地太子港的索莱伊贫民窟（Cité Soleil）面临的选择，与一个德国公民面临的选择完全不同。在法国，为避免更大的伤害而勉强与丈夫发生性行为的妻子，与塞拉利昂的"丛林妻子"*也毫无相似之处。此外，如果你是男孩、男人或者非二元性别**的人，情况也不一样。施暴者是挥舞着砍刀要挟，还是挥舞着一份待签的雇佣合同要挟，情况又不一样。一味地强调相似性、忽视差异性，总是有风险的。任何假设性暴力在全世界都一样的说法，都是在侮辱个体经历的特殊性。恐怖的形式从来都是有地域之分的。

而且，遭受伤害的可能性，在人群中的分布也不均衡。20世纪70年代至90年代，在西方女性主义运动的第二波浪潮中，一个

---

* 在塞拉利昂内战期间，据说有数千名妇女被绑架，被迫成为叛军指挥官的"丛林妻子"。——译者注。本书若无特殊标注，脚注均为译者注。

** 非二元性别（non-binary）是指超越传统意义上根据生理特征对男女的性别划分，不单纯属于"男性"或"女性"这一固有框架的性别自我认同。

主要流派认为,"强奸是女性社会生活中的固有现象,并非例外现象"[2];"从9个月到90岁的每一个女性都有被性侵的危险"[3];"强奸是一种全球恐怖主义"[4]。苏珊·布朗米勒(Susan Brownmiller)在她的经典著作《违背我们的意愿》(*Against Our Will*, 1975)中,对这些观点做了最具影响力的阐述。她坚持认为:"从史前时期到如今,强奸一直发挥着一个重要功能,即有意识的威慑功能,通过这种功能,所有男性可令所有女性望而生畏。"[5] 布朗米勒的书改变了世界各地的人们对性暴力的看法,但这种概括性的说法并非无懈可击。有些人就是比其他人更容易受到伤害。女孩和妇女更容易受到伤害,就如同黑人及少数族裔群体(Black and Minority Ethnic)、难民、寻求庇护者、无证移民、性少数群体、非二元性别者,以及有身体残疾或有学习障碍的人更容易受到伤害一样。

重要的是,这些易受伤害者的身份标签并不是彼此孤立的,它们的影响会相互累积和交叉。1989年,金伯勒·克伦肖(Kimberlé Crenshaw)在她那篇极具影响力的文章《消除种族和性别交叉带来的边缘化问题》(*Demarginalizing the Intersection of Race and Sex*)中提出了这一强有力的观点。[6] 克伦肖是一位法律学者,也是批判性种族理论(Critical Race Theory)的创始人之一。本书采用了她的文章中一个至关重要的概念:交叉性(intersectionality)*。克伦肖指出,西

---

* 有些学术书中将其翻译成"交叠性"。指的是这样一种重要观点:种族、阶级、性别、性行为、种姓、民族、能力和年龄不是作为单一的、相互排斥的实体,而是作为相互建构的现象。

方白人女性主义者把焦点放在了"最有特权的群体"（也就是其他白人女性）身上，而"边缘化了那些背负着多重负担的人"。仅仅在一个"已经建好的分析架构"中加入黑人女性，是远远不够的。因为"交叉性造成的影响，要大于种族歧视和性别歧视分别造成的影响总和"，所以，"任何不考虑交叉性的分析方法，都无法有效地分析黑人女性处于从属地位时的特殊行为方式"。[7] 换句话说，要理解全球背景下的性暴力，我们不仅要关注性别歧视或种族偏见，还要综合考虑种族、性取向、性别、阶级、种姓、宗教、身体残疾（或者没有残疾）、年龄、所处时代等因素。

一切都很复杂

克伦肖的交叉性理论要求我们去关注人类生活的复杂性。这种复杂性，正是在探索全球性暴力现象时碰到的诸多复杂性之一。我们在研究探索中遇到了很多困难。大部分问题将在后面的章节中进行讨论，但在前言中，我会首先集中讨论 4 个问题：一是"性暴力"的定义；二是对性暴力的定量分析；三是确保幸存者可以倾诉遭遇、可以得到保护的问题；四是描述性暴力时使用的语言和措辞。

第一个必须要解决的问题是：究竟如何定义"性暴力"？我们都同意，强奸、性侵犯、性虐待，以及非自愿的性行为都属于性暴力。但是，发生在法定年龄以下的、两相情愿的性行为算不算性暴力？女性割礼（女性生殖器损毁）算不算性暴力？男性的割礼呢？性交易算是某种形式的暴力，但成年妇女为养活孩子而自愿从事的性工作算不算性暴力？陌生男性挥舞刀具，很容易被认为是暴力行为，但当丈夫越来越不允许妻子说"不"时，算不算性暴力？如果一个女性（无论是女孩还是妇女）仓促嫁给一个男性，只不过是希望受到保护，免受其他男性的暴力行为，算不算性暴力？

考虑到本书的写作目的，我将采用我在《性暴力史》（*Rape: A History from 1860 to the Present*，2007）一书中使用的定义。在该书中，我将性暴力定义为任何由旁观者、受害者或第三方（婴儿、幼童以及有严重学习障碍的人遭受的痛苦只能通过第三方来描述）认定的暴力行为。只要其中任何一方认定某一行为是"强奸""性虐待""性暴力"行为，那么这种认定即告成立。这个定义允许对"性行为"进行多种定义。毕竟，人们对"性行为"的看法一直随着时间和地域的变化而变化。它还允许诸如"非自愿的""不必要的""被胁迫的"等措辞的定义可以根据文化差异和特定时期的约定进行调整。对于各种复杂的、围绕性别的身体接触，这个定义还允许我们从问题出发，站在历史的角度，来分析其中的每个组成部分。

这个定义对法律教条同样提出了质疑。在全球范围内，法律在界定某种性行为是否属于暴力性行为时，都表现得十分吝啬，这主要是担心"普通"男性的不当举止会被定罪。司法管辖区之间也存在着巨大差异。强奸是"违背"受害者意愿的行为，还是"未征得她的同意"的行为？男性能声称被性侵吗？在世界各地，证明强奸发生所需的证据不尽相同。需要提供性暴力的证据吗？需要有目击证人吗？受害者的性史可以作为证据提交吗？关于强奸的处罚方式，从口头谴责、罚款或鞭笞，到监禁、阉割或死刑，差别也很大。此外，有关性暴力的法律条款可以在短时期内发生翻天覆地的变化。例如，关于婚内强奸，先前法律还不可能干涉的事，很快就变成了一种令人发指的罪行。从法律上讲，成年人与未达到法定年龄的人发生性关系，一律属于犯罪行为，但通过简单的立法投票，法律关于年龄的约束条款就会被改变；而且在美国，不同州之间，对于这一年龄的认定可能会大不相同。例如，在19世纪末的美国，各州在法律上认定女孩"同意"发生性行为的最低年龄（也称"性同意年龄"）差异很大，在密西西比州和亚拉巴马州是10岁，在堪萨斯州和怀俄明州则是18岁。[8]在全球范围内，"性同意年龄"的变化与人们认为青春期从什么时候开始的观念有关，与人们对童年时期的不同期望有关，与人们对婴儿和青少年是否应该负责任的看法有关，还与女性主义和其他激进运动的势力强弱有关。[9]我们会在本书第一章中看到，在许多法律领域，性暴力的受害者要么没有发言权，要么只能保持沉默。

  如果说第一个困难是关于"性暴力"的定性问题，那么第二个困难就是关于它的定量问题。在评估性暴力的程度方面，同样存在诸多障碍。我们并不知道具体有多少人实施过强奸，也不知道有多少人是受害者。在本书中会提到各种统计数据，但这些统计数据并不能反映真实的犯罪发生率，甚至反映不出警察对犯罪行为的了解情况。[10]唯一可以肯定的是，这些统计数据都是被严重低估了的。

  由于受害者不愿意公开控诉，对性暴力行为举报不足的现象普遍存在。当受害者真的出面举报性暴力时，她们的抗议通常没人"听到"，更不用说有人回应了。这些统计数据通常来自幸存者说出真相的意愿，或者是从寻求医疗救治或法律补偿的受害者人数中推断出来的。因此，这些受害者可能并不是"典型"的受害者。即使是煞费苦心收集来的统计数据，往往也不可能对它们进行比较。例如，人们有时会记录性犯罪中被定罪的人数，而最近改为统计受害者人数而不是施暴者人数。还有无数的因素可能让统计报告的内容突然发生戏剧性的变化。可投入在逮捕罪犯上的警员人数发生变化、人们向警方报案的意愿发生变化、犯罪排名（这可能意味着，某一类犯罪会比其他犯罪更受重视）发生变化，都会导致统计数据发生扭曲。

然而，数据统计上的不足不应该使我们畏惧不前。性暴力是一个大问题。你正在阅读本书的这一事实就足以证明，你和我一样决心了解并根除存在于我们周围的这一祸害。

对幸存者的保护

研究全球性暴力历史面临的第三个挑战是，要确保将幸存者置于舞台的中心位置。几个世纪以来，裁定性侵成立与否的都是对男性明显偏袒的法律和刑事体系：这些权威系统声称，只有他们才有权回应这个问题。同样，强奸者的言论也占了上风，他们坚称自己有权定义什么是性侵犯。相比之下，受害者的指控却经常受到质疑，甚至遭到诋毁、压制和抹杀。如果我们想了解人们挣扎抗争的历史，了解这些暴力本身的意义，就必须关注幸存者的声音。

然而，"关注"幸存者的声音，特别是以务实的、处变不惊的方式关注这件事，本身也很复杂。这么做有时候可能会剥夺受害者的自主性。对于这一点，非洲和加勒比文学学者雷吉娜·米歇尔·让-查理（Régine Michelle Jean-Charles）提出的观点最有说服力。她提醒学者，有必要将"非洲妇女作为倡议者、幸存者和煽动者，而不仅仅是作为性侵的承受者和受害者"来呈现。这些女性——

> 在"非洲世界大战"中，并不是遭受过无数次侵犯的被动的受害者。她们并不是逆来顺受、被扔在路边等死的暴力容器。这些饱受虐待和伤害的女性并不需要借助什么西方的工具来发声。[11]

这些女性是她们人生的"主体而非客体"。她的论点中包含了很多事关成败的问题，其中包括反种族主义、反殖民主义和反本质主义。

撰写和谈论性虐待问题，也会让那些遭受过伤害的人再次受到伤害。其中一种可能就是引发他人的偷窥冲动，继而带来二次伤害。在南非召开的针对女同性恋的性暴力问题圆桌会议上，西开普大学性别平等研究室主任玛丽·黑姆斯（Mary Hames）对这个问题提出了警告。她承认"在公众面前分享自己的人生经历是非常困难的事"，她提醒与会者"对这样的问题要保持谨慎和高度敏感，因为我相信，即使在我们这样的听众中，也会有很多人只是在偷窥他人的痛苦"。[12] 这次研讨会的召集人诺瓦兰·麦克海茨（Nonhlanhla

Mkhize)、简·贝内特（Jane Bennett）、瓦苏·雷迪（Vasu Reddy）和雷勒波·莫莱察内（Relebohile Moletsane）对此表示赞同，并补充说：

> 如今，社会对同性恋的厌恶，有一部分来自为了迎合异性恋男性而公开地"性化"女同性恋者，而各种性暴力行为被大量的媒体话语（包括音乐电视、广告和以刺激为目的的日报）美化，甚至被粉饰成了异国风情。在这样的背景下，公开讨论针对黑人女同性恋者的暴力现象，有可能只会被简单地说成"当下的丑闻"。

最终，受害者的言论引发的是"偷窥而非愤怒"。[13]

这种伦理上的裂隙，在20世纪90年代初对南斯拉夫内战期间大规模强奸事件的报道中暴露无遗。数百名记者和西方非政府组织纷纷冒了出来，要求采访强奸受害者，甚至涌入位于萨拉热窝和萨格勒布的妇产医院，寻找因强奸而怀孕的妇女。[14]这些人很少向有类似经历的受害者提供经济上或心理上的援助。其中有些人在保密方面做得十分松懈，直接公布了受害者的姓名，发布了她们的家庭照片。还有些人则当着受害女性家人、街坊四邻的面采访她们。[15]难怪像约万卡·斯托伊萨夫列维奇（Jovanka Stojsavljevic）这样的社会活动人士，会对那些包含"女性被强奸的毫无必要的细节描写"的文章和书籍感到愤怒，认为这剥夺了强奸受害者"倾诉创伤"的权利。[16]

如果说，不尊重幸存的受害者（victim-survivor）的隐私及其应对策略，阻碍了她们发声和倾诉，那么另一种阻碍她们发声的就是利用她们的创伤去为受害者不认同的目标服务。性别学者温迪·赫斯福德（Wendy Hesford）在批评凯瑟琳·A. 麦金农（Catharine A. MacKinnon）那篇广受引用的文章《当强奸变成色情》（*Turning Rape into Pornography*，1993）时，特别指出了这个问题。[17] 麦金农在美国的自由女性主义杂志《女士》（*Ms.*）上发表了这篇文章，把在前南斯拉夫发生的大规模强奸事件放在了一个关于色情问题的非常北美化的讨论中。麦金农声称，色情作品是引发前南斯拉夫强奸暴行的"动机和指导手册"。[18]

赫斯福德不同意这一观点。她谴责麦金农"在色情消费和性暴力之间构建了一种相当简单的因果关系"。[19] 赫斯福德坚持认为，麦金农不仅"再现了一种极具独特性和个体特征的只会反复导致创伤的模式"，而且"利用发生在波斯尼亚的集体强奸事件的特殊性，通过匿名女性的证词，来支持她关于色情问题的'普遍'主张"。换句话说，麦金农并没有关注前南斯拉夫那场暴行的特殊性，而是以"高高在上的、脱离民族或民族主义的北美女性主义者的姿态"，收集强奸受害者的证词。在一份措辞尖锐的声明中，赫斯福德指责麦金农——

> 她更感兴趣的是将侵犯人权的暴力行为（在这种情况下，就是集体强奸）与她的反色情立场联系起来，而不是去认真研究这些受害女性的证词，研究女性受害者的心态和自主性心态的复杂性，研究民族主义和跨国女性主义的政治复杂性。[20]

就这样,麦金农在世界范围内营造出一种"普遍存在的、在各个地域之间无差别的厌女倾向"。[21]在波斯尼亚发生的事情被渲染成与在色情电影中发生在妇女身上的事情别无二致。受害者生活的特殊性被尽数抹杀。

当事件的参与者之间存在巨大的权力差异时,利用他人的创伤为新闻记者和学术研究人员的政治利益服务的问题就变得异常尖锐了。在这种情况下,幸存的受害者还能不能在真正知情同意的前提下接受采访呢?吉特勒·J.拉伊利(Guitele J. Rahill)、玛尼莎·乔西(Manisha Joshi)和惠特尼·肖德文(Whitney Shadowens)在海地索莱伊贫民窟对性暴力受害者进行研究时,就提出了这个问题。在这个人口密集、极度贫穷的棚户区,由于缺乏隐私,整个社区都知道谁是受害者,谁是施暴者。[22]幸存者非常担心被人看到与研究人员交谈。如果让施暴者认为这些妇女正计划对他们采取联合行动,会不会招致进一步的暴力?[23]强奸受害者和采访者之间的权力差异也是干扰因素。这些女性极度脆弱,将三位研究人员视为"权威当局",这使知情同意变得不可能。拉伊利、乔西和肖德文还观察到——

> 这些强奸受害者和她们的邻居通常在未能完全弄清楚我们的研究目的或与她们相关的利益和风险之前,就迅速表示同意。这些受害者渴望讲述自己的故事。而当我们在时间紧迫、资源有限时,就很容易受到诱惑去快速推进,特别是在许多受害者接受的正规教育不足6年,连对她们大声读完知情同意书都难上加难的情况下,更是如此。[24]

这些赤贫的、半文盲的强奸受害者早已被剥夺了作为人的尊严，学术研究人员出于学术研究的目的（以及后续发表研究成果的奖励）对她们进行采访，却没有获得她们真正的知情同意，会不会反而加剧这种现象的恶化？

伤害也许并不仅仅发生在受害者身上。公开曝光性暴力行为也会对他人产生毁灭性的影响，尤其是当施暴者同样属于受害者所在的少数群体时更是如此。早期的研究人员在研究男同性恋群体中的性侵问题时就认识到了这一点。如果研究人员揭露这个本已困境重重的群体中发生的性侵行为，有可能让所有的同性恋者被诬蔑成变态。当女性主义者和社会工作者在散播大曼彻斯特郡罗奇代尔市未成年的工人阶级白人女孩沦为"亚洲男人"的性奴的证据时，也遇到了同样的问题。报纸耸人听闻地报道了这起虐待事件，导致公众对南亚社区的诬蔑中伤。相反，这些报纸往往不会把性暴力的施暴者和诸如"白人新教徒"的身份标签联系起来。

对性暴力的曝光会强化破坏性的刻板印象。让－查理言简意赅地阐述了这个问题，她抱怨西方评论家对刚果战争的探索"太快"陷入"一种有问题的、康拉德式的原始暴力想象中，将其描绘成了原始的'黑暗之心'"。[25] 正如我们将在本书中看到的那样，这种对黑人男性天生暴力的刻板印象并不罕见。这也激怒了海地的研究人员，他们非常反感美国学者频繁联系他们，要求他们就海地严重的性暴力现象如何导致艾滋病传播的问题发表评论。这种要求进一步助长了公众对海地男性的种族偏见。难怪他们会念念不忘这样一句海地谚语:"*Rad sal, se nan fanmi yo lave yo*"(脏衣服要放在家里头洗)*。[26]

殖民主义者认为"黑人多暴力"是一种自然属性,这种观念从国际社会对 2012 年印度新德里轮奸案的反应就能看出来。2012 年,乔蒂·辛格和她的男性朋友在新德里遭人拷打折磨,辛格被轮奸后死亡。这一事件在印度和世界各地引发了大规模抗议,并导致重大的法律改革。然而,印度的女性主义者对来自西方的许多评论感到沮丧。首先,他们指出,这件事暴露出存在于第一世界女性主义内部的殖民主义心态,对黑人(不论男女)开展的反强奸行动熟视无睹。其次,它暴露出人们对西方社会中的强奸危机程度缺乏认识,只一味地将其和"深色皮肤的大陆"联系起来。妮维蒂塔·梅农(Nivedita Menon)在 2013 年发表在《护航》(*Kafila*)杂志上的一篇文章中,尖锐地讽刺了这些问题。当时,哈佛大学妇女中心的一群女性主义者做出"大胆举动",成立了一个政策工作组,"在新德里轮奸案发生后,为印度和其他南亚国家提供策略建议"。梅农在回应他们的声明时叹息道,这"对于四面楚歌、疲惫不堪的印度女性主义者来说,算是个好消息"。接着,她不无讽刺地说——

> 在我们没完没了地向维尔玛委员会(Verma Committee,负责改革印度强奸法)提交意见书之后,在我们对所有的条例写好批评

---

* 在中国也有类似的歇后语:躲在屋里洗脏衬衣——家丑不可外扬。

意见并传播出去之后，在组织了所有的街头抗议、所有与学生和公众的会面、所有与政府官员和部长谈话的代表团……更不用说数十年来修改强奸法的种种努力之后……听到哈佛法学院决定介入的消息，真是让我们松了一口气，实在是如释重负。

梅农还讽刺地指出——

得知哈佛的教授们做出了印度女性主义者从未做过的"大胆举动"，真令人高兴。是要抨击安保部队逍遥法外吗？这的确算是个大胆举动。我们这些害羞的印度妇女们哪敢如此大胆？[27]

"性暴力是东方特色"的这一观念，并非美国女性主义者独有。2015年，莱比锡大学的白人生物化学家安妮特·G.贝克－西辛格（Annette G. Beck-Sickinger）拒绝了一名印度男学生的实习申请，给出的理由是"我们经常听到印度的强奸问题"。她认为"难以置信的是，印度社会多年来都无法解决这个问题"。[28]她的陈述忽略了这样一个事实：性暴力的问题在西方也没有得到"解决"。事实上，印度有大约14亿人口，2011年报告的强奸案刚刚超过2.4万起。相比之下，美国有大约3亿人口，却发生了大约8.34万起强奸案。[29]苏鲁奇·塔帕尔－比约克特（Suruchi Thapar-Björkert）和马季纳·特洛斯托瓦诺娃（Madina Tlostanova）抱怨说：

把印度文化当成问题的根源，也掩盖了欧美学术圈子内普遍存在的阳刚气不足的问题。你需要主动抵制，或者被动克制（通过不进入"他们的学术圈子"），因为这种观念对白人"女学生"构成了威胁。[30]

一味地指责"印度男性"，对印度各地男性积极抗议强奸的事实同样不公。塔帕尔－比约克特和特洛斯托瓦诺娃欢迎全球女性主义者关注她们提出的问题，但她们也警告说，如果西方的妇女团体拒绝承认她们助长了帝国主义统治和殖民主义思维方式的复兴，那她们的这些关注在很大程度上只不过是"象征性的表态"而已。[31]

对白人女性主义者的殖民主义思维和积极参与种族主义项目的批评，并不能成为纵容黑人女性主义运动盲点的借口。其中一个例子是，肯尼亚桑布鲁的妇女因遭到英国士兵强奸而被家族和社区驱逐后，做出了独一无二的反应。她们并没有接受被孤立的现实，也没有对被孤立后不可避免的贫穷低头认命，而是联合起来，建立了一个名为"乌莫加"（Umoja）的村庄，这个词在斯瓦希里语中是"团结"的意思。这个村庄不允许男人进入，当她们的儿子长到17岁时，也必须离开村庄。伊丽莎白·塔迪奇（Elizabeth Tadic）在她执导的纪录片《乌莫加：男人不得入内》（Umoja: No Men Allowed）中特别关注了这个不同凡响的项目。然而，像凯利·阿休（Kelly Ashew）这样的女性主义者指责乌莫加村和这部纪录片是在认同"对古老的非洲父权制的刻板印象，把桑布鲁的男人描绘得千篇一律、完全消极"。她在文章中援引推动建设乌莫加村的丽贝卡·洛洛索里（Rebecca Lolosoli）的话说道，桑布鲁的男人整天"在树下从早睡到晚，无所事事"。[32] 阿休指出，人们认为桑布鲁的女性承担了所有重劳力，但这种假设是不正确的，因为男性的工作同样艰苦，他们的工作包括要在旱季走很远的距离放牧牲畜。她指出，塔迪奇把批评的矛头指向桑布鲁男人，却没有提及本该对强奸负责的英国士兵。正如阿休所解释的那样："媒体在歪曲传统社会，女性主义者在攻击传统社会，说它们如何剥夺了第三世界妇女的权利，这些不幸的妇女需要第一世界的女性启蒙，提升她们的性别认识；我们完全被这些误导性的信息淹没了。"[33] 换句话说，这部纪录片完全忽视了在该地区驻扎和训练的英国士兵对肯尼亚妇女长达50年的性虐待，反而把注意力集中在关于"举着长矛"、说着马赛语的男性牧农的刻板印象上。

语言和措辞

所有这些问题，让我们注意到，在语言和措辞方面务必要谨慎。错误的表述往往非常微妙，这里举两个关于术语的例子："婚内强奸"（marital rape）——这个词在暗示，妻子和丈夫一样，都有可能强奸另一方；"欺侮性仪式"（hazing rites）——这个词通常指的是军队中的"成人仪式"或"入会仪式"，既有"男性纽带关系"的意思，也有基于权力的性虐待的意思。

这些用来指代性暴力的措辞通常都存在问题。例如，在卢旺达语（在卢旺达、刚果民主共和国和乌干达南部，约有1000万人使用这种语言）中，性暴力被称为"*kubohoza*"，意思是"协助解放"。

这个词最初指的是强迫卢旺达人改变政党的行为，后来用来描述在 1994 年的种族灭绝事件中对女性的强奸行为。[34] 在卢旺达的法庭上，大多数目击者对卢旺达语"*gufata ku ngufu*"（用武力占有、强奸）并不了解，因此更喜欢使用间接的表述和隐喻，包括"我们结婚了"这样的说法。一位未透露身份的卢旺达法庭翻译解释说——

> 在我的文化中，从来不说生殖器这个词。但在法庭上，又必须这么做。这对口译员和证人来说，都是巨大的冲击。绘声绘色地描述强奸始末，对女性而言是一种折磨。因为在现场的翻译也可能是一位女性。[35]

这种敏感使受害者很难掌握一套举报性侵犯的正确语言和措辞。这位不愿透露姓名的卢旺达法庭翻译并没有提到翻译本身的问题：受害者和那些寻求赔偿的人可能真的在各说各话。例如，在安第斯高地的农村地区，那些说盖丘亚语的人不会直接说遭到性侵，而是会说"*burlaron de mi*"（被戏弄），或者暗示"我作为一个女人的身份"和"我的尊严"受到伤害。[36] 相比这些委婉的措辞，海地人更倾向于使用高度情绪化的词汇。2010 年海地地震后，生活在索莱伊贫民窟的妇女中有 50% 至 72% 遭到强奸。为她们提供卫生保健服务的工作人员说法语，而四分之三的居民听不懂这种语言。因此，说法语的专业人士会用法语将强奸受害者描述成"*survivante*"（幸存者），将施暴者描述成"*aggresseur*"（侵犯者）。但是，对于说克里奥尔语的海地人来说，这些词汇非常陌生；她们坚称自己是"*dappi-*

yanmp"（像鸡一样被掐死）或"*flooded*"（轮奸）的受害者，而不是幸存者。施暴者会吹嘘自己"*kraze matsis*"（碾碎了她们的子宫），而受害者则用"*asasen*""*bandi*"和"*malfwa*"（均是"坏人"的意思）等高度情绪化的词汇来形容施暴者。说法语和说克里奥尔语的人都很难理解对方说的话。[37]

在日本，许多用来描述性暴力的词汇都是英语词汇，比如"rape"（强奸）、"survivor"（幸存者）和"domestic violence"（家庭暴力）。正如两位学者所解释的那样，"起一个外国名字，其实是在暗示家庭暴力和强奸的现象是从外国传入的"。这让"辩护者能够声称家庭暴力不是日本文化的天然组成部分，而是接触了其他文化才导致的结果"。[38]当人们使用日语词汇时，这些措辞听起来可能带有轻描淡写的意味。在报纸和各类媒体上，最常见的形容强奸的词是"悪戲"（*itazura*），意思是"厚脸皮"或"恶作剧"。用来指性侵犯者的词是"痴漢"（*chikan*），意思是"愚蠢的人，尤指对女性玩弄各种下作把戏的男人"。我在本书第七章中首先探讨了所谓的"慰安妇"（comfort women）和"慰安所"（comfort station），这两个短语在英语和日语中都非常有问题。这两个短语都含有"慰安"二字，在日语中表示爱或同情。[39]在英语中，日语的"従军慰安妇"被翻译为"military comfort women"。但日语"従军"中的"従"是跟随的意思，"军"是军队的意思。换句话说，它给人的印象是自愿的随军平民，比如护士。[40]斯里兰卡社会活动家拉迪卡·库马拉斯瓦米（Radhika Coomaraswamy）是联合国妇女暴力问题特别报告员，也是1996年关于"慰安妇"制度报告的作者,她坚持在报告中使用"军队性奴隶制度"（military sex slavery）一词。她还认为"慰安所"应该被称作"强奸中心"（rape centres）。[41] 至关重要的是,这种语言表述的改变,将"卖淫"变成了"性奴役"和"反人类罪"。

　　库马拉斯瓦米呼吁研究人员和性暴力评论者要反思自己使用的语言和措辞,这个要求是恰当的。在本书的语境中,我仔细思考过"受害者"和"幸存者"等概念。近几十年来,某些女性主义思潮倾向于将遭受过性暴力的人称为"幸存者"。我对使用"幸存者"这个词持矛盾的态度。诸如"幸存者"这样的标签,是为了建立一种基于"攻击前"和"攻击后"的身份,从而迫使性暴力受害者（再一次）根据施暴者的行为来定义自己的身份。这也是一个极具美国人崇尚的独立自主、个体自由和自我决定的意识形态的概念。严格用褒义和贬义来区分"幸存者"和"施暴者",可能会让人意识不到许多"施暴者"其实也是性虐待现象的"幸存者"。这并不是要否认使用"受害者"的标签也会带来风险。说一个人是"受害者"可能无法引人同情,甚至会适得其反:"受害者"无论男女都容易被女性化,因为道德上的软弱而受到谴责,（根据美国新自由主义的说法）因为做出"错误的选择"或犯了"生活作风的错误"而受到指责。

　　因此,在本书中,我将交替使用"受害者"和"幸存者"这两个术语（有时还会使用"幸存的受害者"这个词,让表述变得更加复杂）。我希望在特定的上下文语境中,酌情使用这些术语。换句话说,我会根据我要写的内容,挑选对于描述对象而言最适合、最熟悉的术语。所以,"幸存者"一词经常受到美国人的偏爱,因为它是基于"个人选择"的描述。相比之下,"受害者"一词通常被海地人和其他贫困国家的人使用。事实上,"幸存者"一词用在描述索莱伊贫民窟那些勉强维持生计的妇女或内战期间的女性上,也是完全不恰当的。许多"受害者"并没有幸存下来,而许多"幸存者"坚持说她们是"受害者"——无论她们有多想否认这个词附带的被动意味。被贴上"受害者"的标签,并不意味着被剥夺了自主性。但它确实把人们的注意力吸引到了这个对她们造成伤害的世界上。

★

正如我们将在本书中看到的那样,交叉性对于思考性暴力这一话题至关重要。没有它,就无法理解压迫。考虑了交叉性的研究方法会提醒我们注意这样的事实,在对女性造成的所有伤害中,性暴力也许并不是最恶劣的。这种方法还会鼓励我们对霸权理论保持警惕,其原因是,霸权理论有可能会用某种"西方"范式来替代多样性。[42]本书还关注了全社会共同的脆弱性、互联性和相关性。与自主性的假定(这是一种特别"西方化"的执念,经常导致受害者受到指责)相反,本书肯定了我们每个人在生活中对他人的依赖。只有通过与其他人、其他地点、其他事物的互动,才能展现我们作为人类的特性。本书希望采用全球性的、交叉性的研究方法,对知识非殖民化的政治任务作出一定的贡献。

第一章 羞耻感

> 有这样一位警察,他是位父亲,总在街上巡逻。
> 他就住在你的街区,和你的兄弟们一起长大,
> 观念也差不多……
>
> 所以,到一定时候,你只得求助于他,
> 那恶魔的精液还黏在你的大腿上,
> 你心如乱麻。
> 可你必须向他坦白,
> 说你犯下了被迫犯下的罪行。
>
> ——艾德丽安·塞西尔·里奇(Adrienne Cecile Rich),
> 《强奸》(Rape),1972 年 [1]

里奇在这首诗里暗示,谈论强奸有多么困难。谈论者会害怕没人相信,害怕受到指责,而且对"受害者"的身份有强烈的羞耻感。这首诗让人们注意到,性侵幸存者会有挥之不去的羞耻感:不得不承认自己"被迫犯下的罪行"。本章探讨了这种羞耻感产生的一些过程。它表明,仅仅是对这种羞耻感的恐惧,也会破坏一个人与他人主动互动的能力,破坏各种形式的人际交往。无论是实际的还是想象中的性虐待,都会扰乱一个人对自己身份的认知以及与他人互动的方式。此外,我还认为,性暴力的施暴者也会遭受痛苦的折磨。事实上,因为个体的主体性是通过与他人的互动形成的,暴力行为不仅伤害被攻击的人,也伤害施暴者。换句话说,施暴者也是他们

自身恶魔思维的受害者。我这么说，并不是想以任何方式淡化他们的责任，但我的确认为，性暴力从来都不是单纯的个人问题。作为一种相互影响的社会行为，性暴力伤害了人类社会交往的方方面面。

#MeToo

社会活动家塔拉纳·伯克（Tarana Burke）意识到了羞耻感的破坏力。她在2003年成立了"我就是我"（Just Be）组织，旨在改善有色人种女孩的健康和福祉。在该组织工作时，一个年轻女孩对她做了一次"忏悔"。她告诉伯克，自己"有罪"，因为她"被母亲的男朋友强迫"发生了性关系。一开始，伯克完全不知道该说什么好，后来，她构思出"Me Too"（我也是）这句口号，作为她表达感同身受的方式。这句口号改变了世界。

塔拉纳·伯克是谁？她1973年出生于美国纽约市布朗克斯区，在一个安居工程住宅区中长大。她在童年和青少年时期均遭到过强奸和性侵。在母亲的支持下，伯克化痛苦为力量，开展社区项目，在亚拉巴马州的塞尔玛市与多家机构开展合作。这些机构包括21世纪青年领袖运动（21st Century Youth Leadership Movement）、国家投票权博物馆和研究所（National Voting and Rights Museum and Institute）以及黑带艺术和文化中心（Black Belt Arts and Cultural Center）。[2]

在2006年首创"Me Too"这一口号后，塔拉纳·伯克的事业蓬勃发展。她致力于帮助有色人种女性和"酷儿群体"克服创伤，回归日常生活。对那些经历过亲密伴侣的暴力和性虐待的有色人种女性而言,"Me Too"这句口号成为她们彼此团结互助的表达方式。伯克要传达的核心信息是,性侵的幸存者不必被这种伤痛和羞耻感吞噬掉生命。她总是说:"我们大家不能一直活在这种痛苦和折磨中。"受害者的身份并不是永久的身份,不是人生中永远无法抹除的污迹。相反,幸存者发现"她们并不孤单",并且可以从这一事实中获得慰藉。伯克观察到,"人们在有归属感的群体中最有可能被治愈,我们周围有很多惺惺相惜的群体,随时准备对她们施以援手"。[3]

伯克的民权运动活动能力和她的领导能力在当地社区十分有名。但更让她出名的是在 2017 年 10 月 24 日,当好莱坞大亨哈维·韦恩斯坦的持续性侵事件被曝光后,白人演员艾莉莎·米兰诺在推特(Twitter)上发布了带有话题标签"#MeToo"的推文之后。米兰诺呼吁自己的粉丝,如果有谁也遭受过性骚扰或性侵犯,就转发这个话题标签。一天之内,#MeToo 在推特上被转发了 1200 多万次,在脸书(Facebook)上产生了 1200 多万条帖子或评论。[4]在美国,45% 的脸书用户都有朋友曾用 #MeToo 的话题标签发帖或发表过评论。[5]

#MeToo 运动先是在美国、欧洲、澳大利亚和印度滥觞,随后又至少在 85 个国家掀起热潮。[6]这句短语在各个国家很快出现了不同的译本。在法国,对应的话题标签是 #BalanceTonPorc("曝光那头猪");而在拉丁美洲和西班牙,大家普遍采用了西班牙语的话题标签 #YoTambien("我也是")。[7]2018 年 4 月,在西班牙潘普洛纳的圣费尔明节(San Fermín)期间,一群自称"狼群"(La

Manada）的施暴者轮奸了一名妇女，随后法院的轻判让女性主义者及其支持者感到愤怒。法院将这次暴力行为判定为"侵犯"而非"强奸"。如果判定为后者，就会处以更严厉的判决。社会活动人士迅速推广了大量的话题标签，诸如 #Cuéntalo（"谈谈这事"）、#NoEsAbusoEsViolación（"这不是侵犯是强奸"）、#YoSiTeCreo（"是的，我相信你"）、#NoEstásSola（"你并不孤单"）以及 #JusticiaPatriarcal（"父权正义"）等。[8] 在南非，这个话题标签则带有警示意味：#AmINext（"我是下一个吗"）。

对伯克而言，#MeToo 运动在全球掀起的热潮既令人欣慰，也让人担忧。成年后的伯克一直致力于改善女性因种族、性别、性取向和社会地位而"承受多重负担"的生活。#MeToo 运动最后会被白人、中产阶级女性和名人收编利用吗？尽管米兰诺很快就承认了伯克在 #MeToo 运动中的原创身份，但性别研究学者利·吉尔摩（Leigh Gilmore）观察到，米兰诺"最初取代"伯克原创身份的现象"对有色人种女性而言是一种刺眼的提醒——举报性侵的地方同样是抹去有色人种痕迹的地方"。[9] 一些有色人种女性主义者将这一洞见进一步深化，发布了话题标签 #SolidarityIsForWhiteWomen（"团结是白人女性的事"）。这其实也提醒我们，无视有色人种的色盲会加剧性别偏见。[10]

#MeToo 运动迟迟没有承认，种族偏见对经历过性虐待的有色人种女性的严重影响。例如，在北美地区，种族冲突往往不会写入白人女性主义运动的历史中。当 #MeToo 运动重新唤起人们的兴趣，开

始关注女性公开作证、谈论自己遭受性虐待和性骚扰的历史时，白人女性主义者非常兴奋。一想到那些无畏羞耻地大胆谈论强奸问题的女性主义先驱，人们就感受到了力量。

然而，这些历史通常始于20世纪70年代女性主义运动的第二波浪潮。那个时期标志性的社会活动家包括《姐妹情谊很强大》(*Sisterhood Is Powerful*，1970) 一书的作者罗宾·摩根（Robin Morgan），以及弗洛伦斯·拉什（Florence Rush）——她在1971年4月的纽约激进派女性主义者强奸问题大会（New York Radical Feminists' Rape Conference）上发表演讲时，集中探讨了儿童性侵的问题。仅在1975年这一年，就有苏珊·布朗米勒的《违背我们的意愿》和戴安娜·拉塞尔（Diana Russell）的《强奸的政治》（*The Politics of Rape*）等经典著作出版，它们均大量收集了幸存者的故事。这些颇有影响力的反强奸社会活动人士都是白人和中产阶级。在20世纪80年代参加"夺回夜晚"（Take Back the Night）活动的许多活动人士也是白人和中产阶级。的确，目睹白人女性主义者在以黑人和拉丁裔居民为主的社区游行抗议"强奸犯"，有色人种女性会感到非常痛苦，因为她们太清楚白人女性对自己的兄弟、情人、丈夫和儿子进行虚假指控的历史。针对黑人女性的性暴力行为也偶有提及。一个著名的例子是美国演员、主持人奥普拉·温弗瑞在2018年金球奖终身成就奖（Golden Globe Cecil B. DeMille Award）颁奖典礼上提到1944年雷西·泰勒（Recy Taylor）被强奸一事。尽管如此，有色人种女性遭受的苦难和她们的激进运动在美国的主流讨论中一直被边缘化。

这种现实让一些黑人活动人士十分沮丧。早在1975年，美国政治活动家安吉拉·戴维斯（Angela Davis）就注意到，有色人种女性长期以来一直在利用强奸幸存者的证词与种族主义、性别歧视作斗争。戴维斯在《女士》杂志上发表了一篇文章，题为《琼·利特尔：强奸的辩证法》(Joan Little: The Dialectics of Rape)。她在文章中指出，早在白人女性主义者开始敦促女性用自己遭受性虐待的经历去谴责强奸文化的几十年前，黑人女性就已经在这么做了。反奴隶制活动人士和民权抗议者早就认识到，种族压迫和性别剥削是不可能分开的。在一份措辞有力的声明中，戴维斯声称——

> 对黑人女性的强奸以及在意识形态上对这一行为的辩护，与把黑人男性描绘成对白人女性残忍的强奸犯之间有着密不可分的联系。当然，正是基于这样的指控导致了对黑人男性实施阉割和私刑的惨剧。

也就是说，社会活动人士在开展任何"反对黑人女性遭受性虐待的斗争"时，都需要同时"反对针对黑人男性的性侵指控的恶劣操纵"。因此，黑人女性的"先锋作用不仅体现在对抗强奸的斗争中，还体现在结束私刑的运动中"。白人男性强奸黑人女性，以及黑人男性被诋毁成强奸犯，都是恶性的、相辅相成的"种族主义道具"。[11]

戴维斯的论点很有说服力。尽管美国反强奸运动的历史一直被西方女性主义的特权话语所主导,但其根源则是黑人女性为争取基本的生命权、自由权和尊重而开展的斗争。有色人种女性公开抗议白人男性性虐待的一个最早案例,发生在1866年5月田纳西州孟菲斯市种族暴乱的国会听证会上。5名自由的黑人妇女讲述了在暴乱期间被白人男性强奸的经历。这5名拒绝忍气吞声的勇敢女性分别是弗朗西丝·汤普森(曾经是奴隶)、露西·史密斯(一个16岁的女孩,公众称她"举止谦和,外表非常体面")、露西·蒂布斯("聪明且仪表良好")、丽贝卡·安·布鲁姆和哈里特·阿莫。对这些有色人种女性而言,性侵与种族歧视密切相关。国会报告采纳了她们的描述。报告称"暴徒们……对黑人进行报复,并像射杀狗一样射杀他们",并补充说,"当他们发现有色人种妇女无人保护时,立即'克服偏见',开始以极其放肆、野蛮的方式侵犯她们"。对受害者而言,白人攻击者对"有色人种最致命的仇恨",与"手无寸铁、惊恐万分"的黑人女性遭受的"野蛮和令人作呕的诋毁"是分不开的。[12]

自孟菲斯暴乱发生以来的一个半世纪里,种族主义和强奸之间不可分割的关系丝毫没有减弱。这个主题继续激励着像美国的伯克、英国的马拉伊·拉拉西(Marai Larasi)这样的女性主义者开展积极的行动。拉拉西是因姆坎组织(Imkaan)的执行董事,该组织致力于预防和应对英国和全球针对黑人和少数族裔女性的暴力行为。她呼吁人们更全面地"认识到,不同的女性会以不同的方式受到伤害"。毕竟,她指出,"年轻的黑人和少数族裔女性在伦敦街头被骚扰时,她们是作为黑人和少数族裔女性被骚扰的。她们只有这个身份,不能一言概之成黑人或者女性身份"。[13]

虽然明确借鉴了金伯勒·克伦肖(在本书前言中讨论过)的交叉性思想主张,但这些活动人士非常清楚,黑人女性主义者对抗性虐待的历史更为悠久。其中最著名的是1974年在波士顿成立的卡姆比河团体(Combahee River Collective),这是一个黑人女性主义暨女同性恋者的组织。她们在主旨宣言中,坚持反对一切形式的压迫。她们宣称该组织——

> 积极致力于与种族压迫、性压迫、异性恋压迫和阶级压迫作斗争。主要的压迫体系都是相互关联的。基于这一事实,我们把发展综合分析和综合实践视为我们的特殊任务。正是这些压迫的综合体创造了我们当前的生活环境。作为黑人女性,我们将黑人女性主义视为一种合乎逻辑的政治运动,以对抗所有有色人种女性所面临的各种同时存在的压迫。

此外,她们还主张——

> 我们知道有一种叫作"种族—性压迫"的现象,它既不完全是种族的,也不完全是性的;在历史上,就有白人男性把强奸黑人妇女作为政治压迫武器的例子。[14]

这是一份政治宣言,它指出,压迫因其相互关联而变得十分有害。而这并不是因为,某个压迫本身是次要的,它们只是被更有特权的人放在了次要的地位上。换句话说,性侵受害者之所以对遭受侵犯感到羞耻和丢脸,是因为其他人并没有意识到这些人受到的伤害。所谓"认可政治"(politics of recognition),其核心思想就是,人们通过与他人、机构的互动,逐渐形成个人的身份和个人的自主性。也就是说,与我们交往互动的群体做出的判断、形成的道德世界,会定义我们的身份、定义我们对自己的看法。这种判断和观念有可能导致我们对自己的认识不足,或者产生错误的认识。这并不是一个平等的过程:有些人权力更大,能强加或推翻某些认识。

正因为如此,性暴力幸存者公开作证时,面临的一个主要障碍就是羞耻感。为此我们有必要停下来问一问:到底什么是羞耻感?在研究认可政治时,往往会反思羞耻问题。所谓羞耻感,通常被理解成,人在其行为违背了社会价值时产生的一种反应。它不单纯是某个人做了什么事(通常是错事),而是幸存的受害者认为其他人会怎么看待自己。因此,羞耻感并不是一种个人属性,而是一种社会情感,它深深植根于古往今来、世界各地和无数的权力制度之中。它折射出人们身上多重的、交叉的自我,涉及面广泛,包括性别、种族、民族、宗教、性取向、年龄、所处时代等。羞耻感的分布并不均衡,它是通过人与人的支配关系不断灌输的。这些支配关系包括性别偏见、种族主义、殖民主义和经济不平等。正如安·茨维特科维奇(Ann Cvetkovich)在《情感档案》(*An Archive of Feelings*,2004)一书中所解释的那样,"性带来的创伤渗透到了其他各个类别"的压迫当中。[15]也正是这个缘故,羞耻感在社会少数群体中是一种格外强烈的情感。[16]换言之,羞耻感是在把女性及其他被诋毁的群体视为低人一等的和不受尊重的群体的过程中，不可或缺的一部分。正因为如此，女性主义的认可政治必须强调群体，必须分享各自的经历，必须保持团结。

伯克、米兰诺和拉拉西等社会活动人士直面这种羞耻感。她们相信，数字女性主义运动可以通过建立人与人之间的联系，为幸存者提供支持。推文转发、点击"收藏"和私信不仅是支持的象征性标志，也是彰显团结、提供情感寄托的积极方式。这些行动让人们注意到这样一个事实：幸存的受害者并不孤单。她们遭受的虐待是系统性的，而不是个例。网上女性主义运动提供了支持和鼓励的文化氛围。

事实上，在全世界许多地区，网上的积极行动可能成为吸引人们关注性虐待现象、获得人们认同和摆脱羞耻感的主要方式。尽管很明显，在使用手机、电脑、互联网和获得为设备充电的电力供应方面存在着巨大的不平等，但网上的积极行动在反强奸斗争中可能是至关重要的。这是纳贾拉·尼亚波拉（Nanjala Nyabola）在她的文章《数字时代的肯尼亚女性主义》（*Kenyan Feminisms in the Digital Age*，2018）中提出的观点。她在文中讨论了性侵受害者在肯尼亚普遍遭到忽视的现象。这一现象在该国较偏远的地区更为严重，那里缺乏传统媒体，记者大多为男性，正规的司法系统薄弱。在这种情况下，互联网上的话题标签就变得格外有力量。社交媒体可以让肯尼亚女性变得"斗志昂扬、坚持己见、毫不妥协，这正是创造一个更加公正的社会所必需的品质"。[17] 在这些"法定年龄神圣不可侵犯"

的网上社区里，年轻女性获得了一个安全的公共平台。例如，2013年6月26日，一个强奸了一名年轻女孩的帮派成员仅被判罚社区服务，互联网上立刻发起了 #JusticeforLiz（"为丽兹伸张正义"）的运动。如果没有这个话题标签，这个案件就不会激起全社会的广泛愤怒。[18] 换句话说，话题标签不仅可以减少幸存的受害者的羞耻感，还可以成为羞辱当局和公共机构并迫使其做出回应的有力武器。

耻辱政治

羞耻感是一种深刻的政治情感，会产生深远的影响。害怕性侵会给自己和社区带来耻辱，这种恐惧感会先于任何实际的攻击。这使性暴力变成了一种特别有效的压迫工具，甚至会恐吓到没有直接受到骚扰的个人、家庭和社区。这一点在奴隶制时期十分明显。无论"他们的主人"是不是施暴者，对性暴力的恐惧在被奴役的群体中都普遍存在。害怕被卖给更残忍的"主人"，这是确保受奴役的女性服从各种虐待的一个重要因素。[19]

在另外一些情况下，性暴力的受害者在性侵发生的时候甚至都不在场。因强奸而出生的孩子可能会被打上耻辱的烙印，这个烙印通常会伴随他们一生。第一次世界大战后，在法国，妇女被德国军队强奸而生下的孩子被称为"野蛮人的后代"（*enfants du barbare*）。[20]1915年，一位法国评论员甚至认为，性侵会在女性机体上留下"不可磨灭的印记……只要她们的繁殖功能尚在，这种影响就不会消除"。换句话说，被强奸妇女的"内在生理环境"将因她的性侵经历而发生永久性的改变：在性侵数年后出生的孩子仍拥有强奸犯身上的"日耳曼民族的遗传特征"。[21] 强奸的耻辱会代代相传。

更常见的是，羞耻感会直接影响到受害者本人以及她的孩子。例如，在希腊内战期间，数量不详的女性政治犯遭到强奸并被迫怀孕产子。孩子是她们遭受耻辱的明显证据，这造成了巨大的矛盾情绪，母亲们时而强烈地拒绝他们，时而对他们充满内疚。[22] 在越南战争之后，越南妇女被美国士兵强奸而生的婴儿被称为"尘埃之子"。[23] 在波斯尼亚，这样的孩子被称为"仇恨之子"。[24] 在科索沃，他们被称为"耻辱之子"。[25] 卢旺达"唤起糟糕记忆的孩子"会被人叫成"小杀手""不速之客""不知道拿他/她怎么办的人"。[26] 在苏丹的达尔富尔，由政府支持的民兵施暴后生下的孩子被称为"金戈威德"（janjaweed）或"马背上的魔鬼"。[27] 在秘鲁的安第斯高地，因强奸而出生的婴儿有时候干脆被称作"民兵"或"美洲狮"（puma），这是他们称呼士兵的绰号。[28]

为了销毁耻辱的证据，许多因为强奸或强迫生育而受孕的胎儿被打掉了。那些活到足月的胎儿死亡率也很高。例如，在南斯拉夫内战期间，大约有 5000 名"唤起糟糕记忆的孩子"被杀或被遗弃。[29] 一位强奸受害者解释说："当有人杀死了你的家人，又强奸了你时，你不可能去爱这个孩子。"[30] 强迫生育可能是施暴者故意为之的破坏性策略。这在 1971 年西巴基斯坦军队大规模强奸孟加拉妇女、1994 年卢旺达种族灭绝事件以及 1992—1995 年的波黑战争中都可见一斑。孟加拉国在脱离巴基斯坦之后（1971 年），大量因强奸而怀孕的妇女在"净化国家"的名义下被迫堕胎。[31] 颇具讽刺意味的是，尽管母亲和婴儿都背负着耻辱的印记，但婴儿还因为被打上了强奸犯种族身份的烙印，而遭受了额外的伤害。正如一位在波黑战争期间因遭到强奸而怀孕的女孩所认识到的那样，她——

> 成了每个人利用的目标……同学们经常把我排除在外，他们对我大喊"你这个肮脏的切特尼克（Chetnik，意思是'塞族*游击队战士'）"，他们打我，朝我扔石头……人人都攻击我……每一天都是这样，没完没了，我必须抗争。[32]

她们所在的社区拒绝接受她们的后代，给出的理由通常是孩子属于父亲一族的成员。这意味着这些孩子没有正式身份，在一些地方（包括克罗地亚），这种情况可能导致他们无法获得公民权。[33] 在秘鲁的安第斯高地，因强奸而出生的婴儿也遭受过类似的伤害：由于没有父亲的姓氏，这些孩子无法成为社区的正式成员。[34] 对婴儿来说，被母亲和社区拒绝对他们产生的影响，与所有婴儿在情感关注和关爱缺失时受到的伤害相似：发育困难非常普遍。[35]

如何处理因强奸而出生的婴儿？在波斯尼亚、克罗地亚和卢旺达，军事冲突造成了那么多公民被杀，以至于政府拒绝让外国人收养因强奸而出生的孩子。用卢旺达妇女事务部部长阿洛伊西娅·伊云巴（Aloisea Inyumba）的话来说，"让外部社会收养，就意味着你

---

* 即塞尔维亚族。

在掠夺整个国家的人口。解决方案必须来自卢旺达内部",[36] 即便这样的政策加重了妇女的痛苦，并有可能加剧对孩子的伤害，也要这么做。正如一位评论员所警告的那样，"把因强奸而出生的孩子一起安置在一个单独的机构里……会在他们身上留下区别于群体其他成员的印记，会把他们暴露在其他战争受害者因复仇或悲伤而产生的危险情绪中"。[37] 冲突结束后的政府面临着巨大的挑战，要尽量减少强奸受害者的孩子受到的伤害。强奸，以及它给母亲和后代带来的耻辱，一直被用作主要的政治武器。强奸耻辱是性和尊严政治的标志。政治阶层肩负着重大的责任，要保护受害者免受羞辱。

医疗损害

对于直接受害者而言，性暴力会在之后的几年甚至几十年里，对她们造成伤害。心理上的伤害不仅可怕，而且让人觉得羞耻。这些人的症状包括睡眠障碍、饮食失调、记忆闪回、头痛、昏厥、行走困难和高度警觉。当目睹他人被侵犯时，人们会产生一种强烈的脆弱感；对许多人而言，它还会激起一种幸免于难的罪恶感。[38] 这些心理伤害因历史条件和文化环境而各不相同，在所有关于性暴力的讨论当中都非常重要。我将在后面用一整章来讨论这些问题。

当受害者公开谈论自己遭受的折磨时，她们面临的困难会因身体受到的严重伤害而加剧。她们遭受伤害的地方不仅在性器官，而且往往遍及全身。受害者会遭到殴打、撕咬和灼烧，攻击她们的不仅有性侵，还有拳打脚踢。在武装冲突中，强奸常常伴随着其他酷刑。受害女性会被枪支、弯刀和棍子刺穿，性器官会受到严重损毁；孕妇的胎儿甚至被人从腹中直接割下。再也无法生育是常见的后果。

因感染了性传染病（有时是致命的疾病）而感到羞耻是很常见的。性暴力增加了感染艾滋病毒的风险，因为它降低了女性协商使用避孕套的能力。在卢旺达种族灭绝事件期间，被强奸的妇女中多达70%感染了艾滋病毒。[39] 一些评论员估计，有2.5万名卢旺达女性（包括女孩和妇女）被故意传染上了艾滋病毒。[40]

1997年1月在塞拉利昂东部省份的科伊杜附近的森林中，一名16岁的女孩被10名革命联合阵线（Revolutionary United Front）的叛军强奸。阴道瘘成了她最烦恼的问题。在她看来，自己未来的美满生活被毁了。用她的话说——

> 我根本没办法控制膀胱或肠道，因为我的下身都被撕裂了。我们待在丛林里，一直到ECOMOG（Economic Community of West African States，指西非国家经济共同体建立的军事武装力量）接管科伊杜。当我们从丛林中出来的时候，就连大人见了我也会躲开，更不愿意和我一起吃饭，因为我身上的气味太难闻了。

她接受了损伤修复手术，但手术失败了。[41] 她的经历并非个案：在大多数情况下，创伤性瘘管都是无法治愈的。[42] 受害者之后不能从事重体力劳动，不能生育孩子，这降低了她们对家庭和社区的"价值",也使她们失去了结婚和生育的机会。

施暴者的羞耻感

最后要谈的一点:施暴者也常常为自己的行为感到羞耻。这一章开头写的是塔拉纳·伯克于 2006 年首创的"Me Too"口号。但伯克深知,为了创造一个没有性骚扰和性暴力的世界,这场战斗也需要男性在政治上和情感上的努力。这不仅因为所有性别的人都可能成为性虐待的受害者,还因为对他人造成伤害的行为对施暴者来说也具有破坏性。这么说并不是要为性暴力施暴者的行为开脱:他们的自主性选择与受害者的自主性选择是根本不同的。然而,我们的确注意到,他们的性暴力对他们的社交世界产生了负面影响。

施暴者很清楚他们的所作所为是错误的,而且是耻辱的。在某种极端情况下,强奸另一个人可能引发宇宙或神的惩罚。一位曾在刚果武装部队服役的士兵就有这种信念。他说——

> 去丛林里找女人……这是去干坏事。被你强奸的女人也是别人的女人……还有,我们在有的地方会看到,当地人在妇女的手腕上系了带子。如果别的男人占有了她,那个人就得死。

他发誓说,他目睹过这种诅咒的效果。他讲了一个故事,说有一个士兵——

> 走进丛林,遇到一个女人,强奸了她。他回来后,浑身上下开始涌出水(液体)……我们把他送到医院。医院里的人问他:"告诉我们,这是怎么回事?你做了什么?""我去林子里强奸了一个女人。"他说完这句话就死了。所以,你看,强奸是在干坏事。如果你强奸别人,那你这条命要不了多久就没了。[43]

更典型的情况是,犯下强奸罪的羞耻感会引发一种负罪沉默。施暴者经常请求受害者不要告诉任何人;他们几乎没办法去谈论他们干过的事。这是记者彼得·兰德斯曼在同参与过卢旺达种族灭绝事件的人交谈时发现的。他的一个采访对象详细讲述了自己杀害一个女人的事。然而——

> 当我问吕西安他是否强奸了那个女人时,他沉默了,强忍着泪水。与我交谈过的每一个囚犯都清晰地描述了自己杀害的人和杀害方式。但没有一个人承认自己强奸了图西族妇女……这些人可以找出某些理由为自己的谋杀行为辩护,却找不出任何理由为自己的强奸行为辩护。

兰德斯曼指出,"那种程度的坦白显然令人难以承受"。他的结论是:"如果有任何明确的证据表明,人们认为强奸是更可耻的罪行,那这就是证据。"[44] 在为卢旺达种族灭绝事件设立的国际刑事法庭中工作的检察官也提出了类似的意见。用其中一位检察官的话来说——

> 如果你采访一个来自攻击者一方的胡图族证人，他不会告诉你任何（关于强奸的）事情。出于对这种罪行的敏感，他什么也不肯承认。没有人愿意公开承认这个。[45]

这种羞耻感不仅表现在武装冲突之后，类似的羞耻感也体现在监狱里的强奸犯身上。对儿童或妇女实施过性暴力的罪犯在狱中会继续受到谴责。强奸犯会受到其他犯人的辱骂，被称为"剥皮者"或"人渣"，他们自己在狱中也有被性侵的危险。[46]

施暴者的羞耻感是导致他们通过酒精、毒品和其他麻醉品寻求安慰的一个原因。特诺波尔耶（Trnopolje）拘留营是波斯尼亚塞族军事和警察当局在波黑北部建立的；拘留营中的一名被拘留者回忆说——

> 作为医生，我算是某种权威，甚至被塞族人视为权威。在进入拘留营最初的几天，许多塞族士兵来营地看我。他们哭了，泣不成声，向我要"地西泮"（apaurin，一种镇静剂）。他们不停地问："这到底是怎么回事？"[47]

请注意，性暴力施暴者经历的痛苦并不能成为开脱其残暴行为的借口，甚至不能因此减轻对他们的谴责。务必警惕"施暴者也是受害者"的说法，特别是当它出现在残酷战斗的背景下时更是如此。在对"二战"末期苏联红军士兵在德国境内实施的大规模强奸的分析中，就可以看到一个例子。在20世纪90年代，这些强奸案被修正主义历史学家利用,试图将德国人民重新定位为那场战争的受害者,而不是它的主要支持者。人们将这种批评(不公平地)投向了女性主义者赫尔克·桑德(Helke Sander),她在 1992 年拍摄了一部关于盟军强奸德国妇女的电影,名为《解放者得自由》(*Befreier und Befreite: Krieg, Vergewaltigungen, Kinder*)。桑德因此遭到指控,认为她将德国妇女变成了战争的受害者,而不是纳粹暴行的积极参与者。对德国妇女的大规模强奸被改写成德国人被野蛮的苏联文化侵犯的故事,这有效地转移了人们对德国妇女热心参与纳粹事业的注意力。[48]

把暴行的责任从政治上边缘化,并不是"施暴者也是受害者"这一说法唯一发挥作用的地方,实际上,这也有助于减轻个体施暴者的罪恶感。例如,第二次世界大战结束几十年之后,日本士兵近藤一站出来与那些被迫成为日本皇军性奴的妇女一起作证。尽管他的动机在一定程度上是出于同情,但他坚持说自己也是军国主义的受害者。他反复解释说,他和他的战友们之所以这样做,都是因为残酷的军事训练,每日饥肠辘辘,以及那些无情的高级军官把他们毫无准备地送上了战场。近藤一承认"我们犯下了人类无法想象的罪行",这些大规模强奸的记忆"即使过去了 60 年,也无法抹去"。然而,他始终不忘尖锐地提醒听众,"我们的内心(同样)饱受折磨……受害者经历了很多,但施暴者也承受了巨大的痛苦"。[49]

在 1971 年初的"冬兵调查"(Winter Soldiers' Investigation)

中，109 名美国退伍军人就他们在越南战争期间犯下的战争罪行作证。这些士兵列出了一份长得令人难以置信的清单，说明他们为什么会如此残暴。这份清单包括种族主义、同侪压力、害怕被战友或高级军官惩罚、环境混乱、打击报复、缺乏训练、军事领导不力等。这些强奸的借口存在两个问题。第一，他们无法解释针对自己战友的暴力行为（毕竟，在越南服役的美国女性中，就有近三分之一被战友强奸）。[50] 第二，他们列出的"压力源"清单太长了，性暴力很快就被定性为由多种因素促成的。参加"冬兵调查"的老兵们反复声称，"我认为这是美国军队的暴行""永远不要让你的政府这样对你"。真正的受害者（那些被强奸、折磨和杀害的人）实际上被抹去了。如今所谓的"真正的受害者"是这些美国大兵——美国政府政策的受害者。最后我要说，解释那些导致强奸的可能动机或压力，并不能为施暴者开脱。强奸就是强奸，不管强奸犯遭受的创伤有多大。

更令人担忧的是，近年来，一些支持"施暴者也是受害者"论调的男性转而在社交媒体上重申他们的主张。这可以被称为"反女性主义话题标签"。男性权利组织经常声称，在一个重男轻女、"政治正确"到不能怀疑女性强奸指控的社会中，他们才是受压迫的人。"反女性主义话题标签"有很大的潜在危害。

女性主义话题标签的局限性

一味地推动各种女性主义话题标签的做法也并不尽如人意。不可否认，减轻受害者羞耻感的一个重要方法就是营造一个交流的环境（包括在线交流的环境）来分享自己的经历——正如伯克所指出的那样，从"她们并不孤单"这一事实中获得慰藉。[51] 尽管如此，这种做法是有危险的。同理心是一种后天习得的习惯。推动这些话题标签的做法向我们提出了 6 个截然不同的问题。

第一，网上的女性主义会放大个人，让个人盖过受到系统性虐待的群体。随着社交媒体上年轻而高薪的女性主义"网红"的崛起，成为常态的是竞争而不是同情。痛苦的故事变成了某种"品牌"商品，"幸存者们"纷纷争抢最多的点赞数。曝光性侵故事可能成为某种新自由主义的自我塑造方式，而不是女性主义的社会转型策略。政治问题变成了个人问题。

第二，这种做法忽略了一个事实：同理心不是一种可预测的反应，甚至不是一种在目睹他人痛苦时会做出的常见反应。一项针对 82 名女性的研究发现，她们通过标注话题标签 #BeenRapedNeverReported（"未曾报案的强奸"），分享了自己遭到性侵的经历，其中近四分之三的人在发帖后遭到了恶意攻击，或者收到了其他负面回应。[52] 另一项研究揭示了一个惊人的事实：在推特上，羞辱受害者并指责受害者行为不端的用户，比那些支持受害者的用户更有可能被人转发推文。[53] 令人不安的是，一些女性主义者转而进行反向挑衅，扮演着"数字义警"（digilante）的角色，看到有人在网上恶意挑衅那些分享自己受虐待或骚扰经历的女性，干脆直接利用数字技术惩罚这些人。[54]

第三，社交媒体上的这些行动，会不会演变成孤立的个人主义行动？当塔拉纳·伯克创立"Me Too"这句口号时，目的是想确保幸存者知道，她们并不孤单：有很多人和她们一样，在共同面对系统性的压迫，这个群体会互相帮扶、支持，协助她们治愈伤痛、走向成长。然而，如今这一运动很大部分转向了"个人主义"。"说出你的故事"变成了"为了说而说，以说为最终目的"。这可能会让受害者再一次只能孤独地自我疗伤。

社会学家艾莉森·菲普斯（Alison Phipps）对"体验/经历"商品化的批判尤为强烈。她认为，将个人经历转变为某种形式的"资本"，最终"反映并延续了新自由主义对动态社会结构的无视：它将所有的经历置于平等的位置，在这一过程中反而凸显了现有的不平等"。[55] 她警告说，分享"体验/经历"的潮流容易"将个人叙事具体化为解释的起源"，并最终导致"去历史化，将个体身份本质化"。如果我们"以个人经历为出发点……我们将不再关注形成它的历史条件，最后可能反而会去支持而不是对抗意识形态系统"。[56]

第四，我们必须要回到多重的、相互交叉关联的压迫问题上来。利用网络的力量，加强性暴力幸存者证词的分量，从而"揪出"性侵者的做法，可能会如我们所愿地逆转"法定诉讼程序"；然而，这么做也有可能破坏反性别歧视和反种族主义活动人士之间的联盟。毕竟，对黑人和少数族裔女性施暴的人中，许多是黑人或少数族裔男性。这一现象让女性主义学者阿什维尼·坦贝（Ashwini Tambe）颇感不安。在她那篇题为《正视 #MeToo 运动中的沉默者》(*Reckoning with the Silences of #MeToo*，2018）的文章中，她指出——

> #MeToo 运动中的主要救济手段是对施暴者进行公开羞辱和定罪。对于黑人男性而言，这种做法再熟悉不过。我们都知道，黑人男性是如何因为毫无根据的性侵白人女性的指控而被处以私刑的。我们都知道，有多少黑人遭到了不公正的监禁。#MeToo 运动形成的态势是，正当的法律诉讼程序被颠倒了——原告方比被告方更受重视——这种问题在黑人群体中非常普遍。也许，有的黑人女性并不想参与到这种态势中来。[57]

这一观点很有道理。

第五，女性主义话题标签会鼓励一种虚假的社群感：因为"我们"分享了同样的伤害或伤痛，所以"我们"会彼此"了解"。这么想总是很危险的。

第六，任何线上的行动都离不开"线下行动"。这是纳贾拉·尼亚波拉在撰写肯尼亚反强奸倡议时提出的观点。她认为，"如果没有线下的平台，就很难推动政策层面的变革"。线上的话题标签运动之所以成功，是因为——

> 有一个甚至多个活动人士或倡导者在幕后开展工作，这些人会去医院获取照片，会在机场迎接受害者并护送她们到安全屋，会确保受害者能够如约出庭。[58]

换句话说，女性主义话题标签的推动要靠像塔拉纳·伯克和马拉伊·拉拉西这样的做线下工作的女性主义者。这些人与自己的社区通力合作，消除那些受害者被迫感受到的羞耻、尴尬和恐惧。

要想进行有效的反击,就有必要承认性侵受害者的羞耻感。然而,这也存在一些问题。具有讽刺意味的是,女性主义者强调"被强奸比死还要糟"的观点,可能会加剧羞耻感。正如菲普斯所指出的那样,这么做有没有可能"反而强化了我们试图消除的性别差异"?[59]换句话说,一味地让人们关注性虐待如何羞辱幸存的受害者,可能会导致重新定义女性的屈辱和脆弱的概念。这么做反而会进一步强化男性的权威高于女性和其他少数群体的观念。幸存的受害者饱受屈辱的身体和心灵充斥着依赖和缺乏自主性的念头。她们可能会招致家长式的回应:"受害者"是弱者,需要来自男性或更有权势的女性的"保护"。

因此,必须对幸存的受害者及其家属主动对抗羞耻感和屈辱的做法给予肯定。女性不一定会因为羞耻感而变得被动;许多因强奸而出生的婴儿依然获得了母爱。[60]在军事冲突中的强奸幸存者对性侵行为的反应可能并不是羞耻,而是拿起武器进行战斗。[61]幸存者并不是怜悯的对象。她们可以抛掉羞耻感。

正因为如此,对羞耻的看法需要颠倒过来:耻辱属于那些造成伤害的人,而不是经历伤害的人。塔拉纳·伯克的见解十分敏锐:与其他志同道合的女性以及"酷儿群体"分享自己受虐待的经历，可以建立团结的纽带。如果说女性主义话题标签有什么意义的话，那就是"我们并不孤单"。制造耻辱的世界并非不可改变。之所以这么说，部分原因是，幸存的受害者并不全是由暴力造成的。羞耻，和愤怒、蔑视一样，是不公正现象的见证，可以被运用到政治手段中。从强奸中幸存这件事，不应该引来羞耻，而应该为受害者带来赞扬。受害者活了下来，给我们上了一堂无强奸社会所必需的勇气课。羞耻感是一种格外强大的情感，因为这种情感存在于十分普遍的否认性伤害的社会环境中。换句话说，幸存的受害者感到羞耻，是因为围绕受害者的沉默传达出这样一种信息：她们和其他更"正常"的人不一样。这种看不见的感受让她们不愿意谈论自己的经历，她们往往认为别人会因为她们遭受的虐待而瞧不起她们。相反，在我们的社会中，公开谈论性侵行为传达出的信息是，幸存的受害者无处不在。这创造出一种看得见的环境，使主张伤害之人的价值观不太可能占据优势。哲学家阿曼达·霍姆斯（Amanda Holmes）说："坦承耻辱，就是为了消灭耻辱。"[62] 的确，公开承认耻辱会扭转人的羞耻感。毕竟，羞耻感因受众的不同而不同。在一屋子无视伤害、对暴力轻描淡写，或者为强奸辩解的人面前讲话，幸存的受害者可能会感到羞耻，但在一屋子女性主义者、社会活动人士或愤怒的幸存者面前就不会了。这就是未来所在。

第二章 (不) 公正

我们要说的这位女孩化名为P.R.,她18岁,像所有典型的意大利南部学生那样,爱穿牛仔裤。她在学开车。1992年7月12日,她的驾驶教练、45岁的卡尔米内·克里斯蒂亚诺带她来到一条僻静的小路上,然后把她推倒在地,强奸了她。女孩犹豫再三,最终把这一遭遇告诉了父母。父母带她去警察局报案。克里斯蒂亚诺承认与P.R.发生了性关系,但声称这是双方自愿的。经过审判和上诉,他被判有罪并被判处2年10个月监禁。

然而,1999年2月,意大利最高法院推翻了这一判决。最高法院对受害者没有立刻报案强奸一事表示怀疑。因为P.R.并没有受到严重伤害,法院怀疑她也许没有主动尝试反抗。法官们认为,"鉴于强奸是对人的严重侵犯,所以一个女孩不去反抗,而是被动地屈从于强奸,很不合逻辑"。[1] 换句话说,在他们看来,强奸严重损害了女性的尊严,所以任何女性都会奋力击退攻击者,甚至冒着受重伤或死亡的危险也在所不惜。更离奇的是,法官们还说:"一个众所周知的事实是,如果穿牛仔裤的人不积极配合的话,几乎不可能脱得下她的紧身牛仔裤。"[2] 由此可知,与穿着牛仔裤的女性发生性关系,必须是双方自愿的,因为这需要当事人主动脱掉牛仔裤才能办得到。这个案件赤裸裸地提醒人们,在法律上,男女是不平等的。它还提醒我们注意,关于强奸之事不可信的传说一直存在。例如,人们会认为受害者喜欢撒谎,会认为她们动不动就报告受到侵犯,会认为她们会为了保护自己的"荣誉"而反抗到死。

这一决定激起了各个政治派别的愤怒。意大利的左翼总理马西莫·达莱马向那些抗议最高法院这项判决的人表达了声援。[3] 人们无法不注意到，在最高法院的 420 名大法官中，只有 10 名（约占 2%）是女性。[4] 在右翼政治代表人物中，民族联盟党代表、法西斯独裁者贝尼托·墨索里尼（Benito Mussolini，1936 年曾负责起草意大利的强奸法）的孙女亚历山德拉·墨索里尼（Alessandra Mussolini）也被激怒了。她鼓励女性议员、政府官员和媒体人士穿蓝色牛仔裤以示抗议，直到这一判决被推翻。抗议的口号变成了"牛仔裤：强奸的不在场证明"（Jeans: An Alibi for Rape）。保守派报纸《信使报》（*Il Messaggero*）坚持认为，该判决"读起来就像给打算强奸的人提供的指导手册"。报纸还讽刺地打趣说，"这么多年来，服装设计师们居然不知道，他们手里就握着 20 世纪最卓越的反强奸发明"；蓝色牛仔裤堪称终极"贞操腰带"。[5] 在世界各地，女性主义者、反强奸活动人士、人权倡导者、立法者和其他有社会意识的男人和女人，都表达了对受害者的支持。为了推动公平的、无强奸的社会，他们创立了"国际牛仔裤正义日"（International Jeans for Justice Day，简称"牛仔裤日"）。"蓝色牛仔裤"的辩护直到 2008 年才被明确驳回，当时最高法院在一起涉及一名 16 岁的女孩被母亲的伴侣性侵的案件中做出了裁决。法院裁定，蓝色牛仔裤"不能与贞操腰带相提并论"。[6]

　　本章将探讨全球强奸案件中的公正与不公正。有哪些意识形态上的、体制上的、政治上的、法律上的和现实中的因素限制了受害者，导致他们无法对社会和法律倾诉他们的苦难，无法得到认可？当然，意大利性侵受害者遭遇的不公，是意大利历史和文化特有的产物。但其中有些主题和紧张关系，在世界其他地方也可以看到。然而，我们必须认识到，尽管问题的形式在全球范围内极为相似，但问题的具体内容往往不同。本章的其余部分将探讨在诉诸司法方面的一些异同点。此外，我在本章的阐述中，试图削弱基于"文化"的对不公正的解释。正如我们将看到的那样，这需要细致入微的分析。毕竟，性虐待受害者在寻求公正时面临的问题，至少部分是由"文化"方面的原因造成的，这包括一个地区的历史、法律和社会制度、信仰体系（包括宗教体系），以及根深蒂固的性别关系。之所以出现这个问题，是因为"文化"导致的不公正的法律裁决，经常被用来解释非西方世界的性暴力问题：他们的"文化"对受害者很苛刻，他们的司法体系不完善，他们的父权主义扎根太深；相比之下，西方的"文化"只是会犯错，西方的"文化"有时没有达到法律的高标准，或者说即便没达到，但正在向更进步的观念发展。因此，我在本章中将努力维持二者的平衡，既指出文化的相似性，又不忽视地方的特色。

意大利对强奸问题的错误看法

在讨论这一全球背景之前，让我们进一步探讨意大利的司法系统中对待性虐待案件的（不）公正现象，以及对此类问题的反应。强奸在意大利是一个严重的问题。2019年，据估计，年龄在16岁至70岁的意大利女性中，有26%以上经历过性暴力。[7]该国法律一直在努力应对越来越多的性暴力。在1996年之前，关于强奸的法律对策是在1936年墨索里尼指导下起草的一项法律。它区分了"欲望的行为"和"肉体的暴力"。这种区别对强奸受害者产生了重大影响。它不仅错误地认为侵入性性行为比非侵入性性行为带来的伤害更大，还要求受害者在法庭上描述侵犯的每一个隐私细节。[8]对许多人来说，这都是一场太过羞耻的折磨。

从20世纪70年代开始，女性主义运动第二波浪潮的兴起引发人们对意大利司法系统多次运转失败的关注。例如，直到最近，意大利公众还普遍认为，婚内不可能发生强奸：在意大利，丈夫认为他们可以毫无限制地接近妻子的身体。此外，被定罪的强奸犯得到的惩罚也微乎其微。1988年，一名男子强奸他的女儿长达10年，却只被判处罚款8000美元。[9]同年，一名妇女被15名年轻男子残忍强奸，却反被说成"索取无度的荡妇"，被迫离家出走。因为她长得漂亮，穿着迷你裙，所以人们认为这是导致她被轮奸的部分原因。她的母亲抱怨说："有一件事是肯定的。现在没人愿意娶我的女儿了。"[10]

就像在"蓝色牛仔裤"那个案子中司法体系惨败那样，意大利女性主义者及其支持者都大声谴责这种偏见。1979年，30万名意大利人向立法机关请愿，要求对意大利的强奸法进行重大改革。他们特别呼吁重新对性犯罪进行分类，要求将其从《刑法》中的"危害公共道德和体面的罪行"（*Delitti contro la morale pubblica e il buon costume*）分类中移出，放在"危害个人的罪行"（*Delitti contro la persona*）分类中，该分类中的罪行还包括谋杀、攻击、威胁和奴役。[11]这需要公众认识到，性虐待伤害的是受害者个人，而不是社会道德：受害者是主体，而不是客体。经过 17 年的积极行动，这项改革直到 1996 年才获得通过。

改革受到抵制的部分原因是关于女性"贞操"根深蒂固的观念。和世界上许多地方的情况一样，在意大利，贞洁被视为女人最宝贵的财产。这一点可以通过对"T.M."的审判来说明。T.M. 被指控性侵了他 14 岁的继女"S.V."。根据意大利法律，T.M. 可以以"情节轻微"（*minore gravità*）为由对自己的刑期提出上诉，这是一个从未定义清楚的法律概念。2006 年 2 月，最高法院认为，被告有权减刑，理由是上诉法院没有考虑到 S.V. 曾与其他男子发生过性行为这一事实。[12] 换句话说，对 14 岁的 S.V. 的性侵行为的严重性是有限的，因为她不是处女。只有"清白"的女孩和已婚妇女才有权受到法律的充分保护。这一判决也暴露了人们对"同意"的曲解。最高法院裁定 S.V. 同意发生性行为，因为当她的继父明确表示要性侵她时，她"选择"了非侵入性性行为。[13]

这种错误的观念对意大利社会中某些群体的影响要大于其他群体。在意大利帝国*，恶毒的种族主义和殖民优越感加剧了对性虐待的扭曲看法。这两者都引发了高度的暴力。意大利帝国主义者坚持认为，"文明社会"的正常的性行为规则对"土著女性"不适用。考虑到即使是"文明社会的正常的性行为规则"对它们的女性公民也

---

* 意大利帝国指的是由近代的意大利所建立的一个殖民地帝国。这个帝国的势力在 1940 年达到顶峰。

都是不公平的，所以从19世纪后期开始，这种观念对意大利殖民下的厄立特里亚、埃塞俄比亚和索马里的女孩、男孩和妇女产生了毁灭性的影响。

恩尼奥·弗拉亚诺（Ennio Flaiano）在1947年首次出版的《全面攻击》(*Tempo di uccidere*) 一书中，格外有力地控诉了殖民主义的贪婪。这部小说取材自弗拉亚诺于1935—1936年在意大利入侵埃塞俄比亚期间担任中尉时的经历，描述了一位名叫恩里科·西尔韦斯特里的意大利军官的故事。为了缓解牙痛，西尔韦斯特里走了一条穿越埃塞俄比亚乡村的捷径，偶然发现了一名在池塘里裸泳的年轻埃塞俄比亚女子。他强奸了那名女子，并在当晚无意杀死了她。在她的坟墓前，西尔韦斯特里对他的受害者说："在我看来，一个在错误的地点遇到的生命不会有如此大的价值。"她的"生命看上去比一棵树的生命更有价值，却算不得是一个女人。别忘了，当时的你一丝不挂，只是风景的一部分"。[14] 这句话的意思是，"土著"女性成熟得很早，性欲旺盛，所以通常的取得同意的方式对她们并不适用。这里的帝国和非洲都是刚摆脱蛮荒的边缘地带，这里的女性居民几乎算不上人类——她们的"生命比一棵树的生命更有价值，却算不得是一个女人"。

类似的人类等级制度在现代意大利依然存在。如今在意大利，少数群体的女性得到的尊重仍然比其他人少，这使她们遭受性虐待的风险明显更高。然而，意大利性暴力的施暴者也同样受到种族歧视。例如，罗姆族的男性经常被诬蔑为强奸犯。罗姆族男性通常被蔑称为"吉普赛人"（*Zingari*）或"游牧民族"（*nomadi*），每隔一段时间就有谣言冒出来，称他们性欲旺盛、掠夺成性，引起周期性的恐慌；这种恐慌在媒体上流传，并被右翼政客和公众人物广泛传播。这些谣言蓄意煽动暴力，试图以此为"驱逐"罗姆族群体的激进法律做辩护。[15]2009年，意大利总理西尔维奥·贝卢斯科尼在罗马街道上增派了3万名士兵巡逻，声称除非"士兵和漂亮姑娘的数量一样多"，否则强奸案会不断发生。此举加剧了人们对"外来"男性的担忧。[16]正如历史学家香农·伍德科克（Shannon Woodcock）所解释的那样，这是"白人男性保护白人女性不受'其他'男性伤害"的一个经典例子。[17]种族问题和性别问题交织在一起，错综复杂。伍德科克认为，"性攻击性强（过度男性化）"的罗姆族男性的刻板印象同时也"创造出另一个刻板印象：意大利女性是男性性侵的理想对象"。这样一来，"只有意大利裔的白人女性……才会被报道和想象成强奸的对象"。[18]这产生了两个负面影响：其一，非白人女性似乎不存在被强奸的问题；其二，那些种族主义者声称要保护的女孩和妇女（"纯洁的意大利女性"）变得更容易受到意大利白人男性的性虐待。

沉默和羞耻

上一节中出现的主题在多大程度上也在世界的其他地方出现过？正如我们在本章的其余部分将会看到的那样，尽管特定的历史、制度和文化背景折射出的问题各不相同，但各地的司法制度也遇到了类似的问题。本章开头提到的发生在意大利的不公正的例子就涉及法院审理的问题。我的目的是提醒人们注意，意大利女性在寻求法律补偿时面临的一些障碍。然而，这些例子没有指出的是，一些性暴力的受害者永远不会有机会透露自己的个人经历：这些人在遭受磨难之后，又被杀害了。强奸杀人在日常情况下并不常见，但对这种命运的恐惧使相当一部分强奸受害者感到非常害怕。还有更不常见的情况：导致受害者丧命的凶手可能不是强奸犯本人，而是受害者的家人。这就是在巴勒斯坦的穆斯林社区中，一些受害者的命运：对受害者和她的家人而言，失去贞操是极大的耻辱，所以，她必须死。[19]

这种情况虽然在和平时期很罕见，但如果在武装冲突或国家恐怖主义时期，被杀害的风险就会成倍增加。我们将在后面的章节中深入探讨这个问题，我在这里只提两个例子。在1994年卢旺达种族灭绝事件期间，该国5%至10%的人口被谋杀；虽然一些幸存者证实存在大规模的强奸，死者却没有机会发声。[20] 还有大量的强奸杀人事件发生在残酷的独裁政权中。1976—1983年，阿根廷军政府的捍卫者绑架和折磨了多达3万名男子、妇女和儿童，绑架者认为这些人都是政治异见人士。目前尚不清楚有多少人在非自然"失踪"前被强奸。[21]

即使是那些从性暴力中幸存下来的人，也有无数的理由不愿去谈论自己的苦难。回忆细节可能会唤起痛苦的记忆，增加焦虑，引发心理障碍；还可能迫使受害者陷入破坏性的自我管理，比如过度饮酒、逃避晚间的社交等。正如我们在上一章中看到的那样，尽管羞耻感的程度因地区、宗教、阶级和种姓而异，但受害者普遍存在一种无法摆脱的羞耻感。在重视女孩和妇女贞洁的文化中，这种现象尤其严重。例如，美国保守的宗教团体历来非常强调女性的"贞洁"。1836年，一位名叫 C.R. 卡罗尔的人在美国南部的一个州写文章说，一个女人应该"裹上贞洁的外衣，像雪一样纯洁无瑕，包裹周身，这样再多的想象力也找不到值得脸红的东西了"。事实上，公开作证自己曾被性侵，会给原本贞洁的女性形象留下可耻的污点。[22]

显然，公开自己的痛苦经历还有社会风险。这会把受害者暴露在他人的注视和评判之下。人们是否会产生同理心，完全无法保证。事实上，感同身受只是少数人的反应。扭曲的荣誉观念会很容易引向轻视或负面的反应。强奸没有被看成一种罪行，反而可能被淡化成对个人荣誉的私人攻击。[23] 因此，这个家庭必须想尽办法弥补自己的"好名声"。为了实现这一目的，父亲或丈夫会放弃对强奸犯的指控，没有人会去考虑受害者的意愿。有时候，受害者会被哄骗嫁给施暴者。一直到20世纪，美国、欧洲和许多南美国家都发生过这种情况。[24] 纽约市在1896—1946年对法定强奸罪进行调查，发现尽管这些案件中有15%涉及暴力，但每4起法定强奸案的起诉中，就有1起试图通过婚姻解决争端。[25]

荣誉的观念和保持贞洁的需要，成为警察积极劝阻某些受害者进一步投诉的借口。有时，这源于一种错位的同理心，因为警察认为，后续的法庭审判带给受害者的精神创伤，可能比什么都不做更大。[26]

同样，一些人认为，相比为受害者寻求正义，更重要的是不能冒险让整个社区因为"未能保护他们的女人"而蒙羞。大屠杀之后，在劳改营和灭绝营中被营地工作人员性虐待的犹太妇女就感到很难开口谈论这些事。[27]承认自己在集中营中被强奸，类似于在说自己因为性别问题而遭受了额外的痛苦，这可能会破坏大家重建共同体的努力。在政治冲突之后，社会对遭受强奸的人的谴责也很严厉。正如民族学家金伯利·提东（Kimberley Theidon）在与秘鲁高地人民相处时所观察到的那样，"如果有什么主题能够引起沉默，那就是强奸"。[28]危地马拉历史澄清委员会发现，"在大多数情况下，妇女成为强奸受害者的事，甚至连她们的家人都不知道"。当他们得知这一事实后，"不是沉默就是否定"，这"显示出幸存者和她们所在的社区对此都感到极度的羞耻"。[29]法律以此支持了这样一种观点：失去"贞操"的女性遭受了如此难以置信的打击，以至于她们会自杀。[30]

不幸的是，受害者往往将这种态度内化，认为提及她们遭受侵犯所带来的社会耻辱超过了实际暴力造成的伤害。正如一位柬埔寨红色高棉大屠杀的幸存者所解释的那样——

> 如果一个人被强奸了，她不能告诉任何人。这种事太可耻了。女人的价值都取决于"贞操"。就算红色高棉的事情结束了，我们还怎么讲述自己的故事呢？我们不想因为被红色高棉这些敌方的军人强奸而被别人看成坏女人。[31]

一些受害者会内化恐惧心理，认为自己抵抗得不够努力，是"自甘堕落"。记者米里亚姆·列文曾被关押在阿根廷的一所最臭名昭著的拘留中心，之后，她发现自己很难去谈论这段经历。她暗示说，像她这样的囚犯可能会面临"社会谴责"。这些囚犯被迫忍受的一切几乎不可能有记录。她解释说，她的"内心有一个声音"一直在折磨着她，那个声音坚持认为，她当时肯定能找到法子，"在那种情况下，可以在抵抗或顺从之间做出别的选择"。她担心这套"恐怖体系"太过严厉，没有经历过这些的人"如果和我们交流的话，肯定会把我们归类为妓女和叛徒"。[32]

社会压力可能会带来严重的经济后果。在像南苏丹这样的地区，结婚要有"彩礼"（也就是说，要想娶某家的女儿，作为交换，新娘的家庭会得到金钱、牲畜或货物）。妻子如果被强奸，丈夫会以此为由抛弃妻子，而且还可能要求妻子娘家归还结婚时的彩礼。这样的妻子也会失去孩子的监护权。[33] 直到 20 世纪中叶，包括爱尔兰在内的欧洲的许多农村地区都存在这种情况。[34]

在贞操受到尊重的社会中，公开性暴力遭遇所带来的社会和经济风险尤其令人生畏。一名巴勒斯坦妇女回忆说，在被强奸后，她"成了二手货。没有人愿意娶一个二手女人"。她坚称，强奸她的人"知道只要打开我的身体（阿拉伯语表达，指第一次性交）"，她就会"别无选择，只能嫁给他"。[35] 一名 16 岁的巴勒斯坦女孩在被表亲强奸后试图自杀，她也发出过类似的抱怨。她解释说——

>女孩一旦失去童贞，就什么都不是了。我知道的就是，我必须去死，这样才能远离这份耻辱。他强迫我，我甚至都阻止不了他。看着父亲的眼睛，我怎能不感到羞耻和恐惧？……我能做的就是自杀，把被强奸的秘密埋在心底。[36]

这就是处女膜修复术尽管有风险，却依旧需求旺盛的原因之一。处女膜修复术，也叫处女膜修补术，在中东、东南亚和南美洲妇女中，以及在美国保守的基督教妇女、北美和欧洲的穆斯林妇女群体中很有市场。[37]

当然，这种重视贞操的风气是一把双刃剑。对于举止端庄、地位可敬、清白无辜的女性（这些都与阶级和种姓问题密切相关），作证自己受到侵犯可能会引起同情，甚至让施暴者得到惩罚。这一点可以通过2005年在印度马哈拉施特拉邦，一家法院对受害者的支持得到解释：一名强奸犯仅凭受害者的证词就被判有罪。法庭的官员认可了受害者对事发经过的描述，理由是她的证词"非常自然，令人信服，应该采信"。他们的结论是：毕竟，在"印度社会传统的、不允许谈论这种事的氛围"下，一位"自尊、自爱的女性会错误地暗示某人侵犯她的贞操"是不可想象的。受害者说的肯定是真话，因为公开承认被性侵要承担的风险可能是"牺牲她未来的婚姻和家庭生活"，甚至导致她"被所属的社会和家庭圈子排斥和抛弃"。[38]虽然这样的判决对这位强奸受害者是有利的，但它也加深了公众对女性性行为和性侵留下"污点"的厌女主义观念。这也意味着，那些未能令人信服的保护贞操的女性（比如出于种姓或阶级的原因）可能得不到法律的保护。

同样重要的是，并不是所有的文化都认为强奸的可耻之处在于让受害者失去了贞操。例如，越南西北部的瑶族和赫蒙族并不把贞操视为一种极为珍贵的品质，青年男女经常发生婚前性行为。然而，强奸是高度可耻的，因为它证明家庭和氏族"没有能力保护他们的女性"。强奸让受害者的家庭极为"丢脸"，往往导致父母和亲友被禁止参加公共活动，比如不能参加与农作物有关的仪式。受害者结婚的可能性也大大降低：事实上，一个结婚时本来能得到 120 个银币彩礼的新娘，在这种情况下甚至愿意接受没有彩礼的婚姻。与施暴者结婚可能是更安全的选择。[39]

"公正的世界"

强调受害者的各种特征，而不是施暴者的行为，这种做法会促使性侵幸存者去责备自己，促使社会去责备受害者——因为她们被侵犯了。西方人普遍认为，我们生活在一个"公正的世界"，这种假设继而助长了另一种假设：受害者必然有其自讨苦吃的一面。

关于这个"公正的世界"理论最有力的版本可以在佛教的"因果报应"信仰中找到。在越南，"*luật nhân quả*"这个词指的是，万事万物都承载着道德上的意义，即"因果规律"。家庭遭遇坏事，与这个家庭的"功德"（*phúc đức tại mẫu*）息息相关，这不仅关乎某个人的行为，还关乎他的前世、他的家庭和祖先的所作所为。母亲有责任监督家庭成员的道德行为，所以，如果女儿遭到性侵，做母亲的同样不光彩。正如民族学家阮楚香（Nguyen Thu Huong）在谈到越南北部的京族时所解释的那样，举止谦虚的母亲会给"她的家庭带来幸福和好运，而坏女人只会带来悲剧和绝望"。[40]

同样，在尼泊尔，人们相信，坏的报应是由一个人在前世犯的罪以及已故祖先犯的罪带来的［后者可以称为"家族报应"（pariwaarko karma）］。这使得亲属在发生暴力事件后不愿意寻求帮助，因为这等于让更多的人知道他们遭到了坏的报应，会产生破坏性的社会影响。[41] 人们认为，女人在前世都不如男人虔诚，因而在这一世面临痛苦的风险更大，比如性虐待。[42] 同样，在柬埔寨，女人因为前世作的孽（kam），这一世活该遭报应。[43] 当地人认为，丈夫和妻子之间的星象相克（kuu kam）会导致性暴力和家庭暴力，不过，这是因为妻子在婚前没有考虑到这一点，所以罪过在女方。[44]

通过对柬埔寨现状的研究，可以进一步说明某些精神信仰带来的不公正现象。柬埔寨是亚太地区性暴力发生率最高的国家（五分之一的男子承认强奸过女性）。[45] 对于这么高的性暴力发生率，当地人的解释通常是"命里注定"或"天生如此"，都是因为上辈子做过坏事才这样。[46] 当地人认为，会不会成为施暴者都是命数。如果男婴出生时胎膜未破、包裹全身，孩子父母没法将胎膜供奉给"脐带师父"（kruu samnom Sanvaa），那这个男孩在成年后可能变得有性暴力倾向。[47] 另一个"天生暴力的预兆"是婴儿的舌头或阴茎上长有胎记（被称为"pracruy"），当地人认为这种胎记预示着婴儿长大后会无情地诱捕女性,"好像猎捕大象的猎人套猎物一样"。[48]

很显然,精神信仰会影响受害者对伤害的反应。日本的"佛教解脱道"就要求受害者忍耐(gamen)顺从。[49]如果施暴者的社会地位较高,唯命是听则更加理所当然。[50]研究穆斯林难民的研究人员也发现了类似的反应。尽管受害者深感羞辱,但她们不愿意抱怨遭受了虐待,因为反对"老天的安排"被认为是一种亵渎。[51]

本该是保护者的施暴者

在受害者眼里,来世遭报应的精神上的风险,和现世遭报复的身体上的风险同时存在。向有关当局举报性暴力犯罪会给举报者带来危险。来自施暴者或其支持者的报复是真正的威胁。1994年,在卢旺达那场残暴的种族灭绝事件之后,性侵罪犯在卢旺达的传统噶卡卡法院认罪后,只会被判处很短的刑期。这是许多受害者不敢寻求正义的一个重要原因。[52]在保守的伊斯兰社会,比如巴基斯坦和达尔富尔(位于苏丹西部),举报强奸尤其危险:受害者甚至可能会被反咬一口,被指控犯有"zena"(通奸罪),并受到公开鞭打或监禁等惩罚。[53]

还有其他的实际问题。其中一个在全世界范围都存在的问题就是,性侵罪犯可能是受人尊敬的社区领袖、警察或政府官员。性侵罪犯常常是极有权势的男性。在美国,这个人甚至可能是担任最高行政职务的人。这些人通常就是执法人员。人们经常说,在较贫穷国家,由于执法人员缺乏训练、资源不足、贪污腐败、"官官相护",

他们特别容易利用其在社区内的权力地位对居民实施性侵。尽管如此，我们也不应该对西方国家的警察和狱警犯下的严重性侵行为视而不见。不管怎么说，欧洲警察在性侵方面的记录并不好。例如，在 1992—1995 年波黑战争期间，民事警察归军事当局管辖，这可以解释他们在拘留营强奸一事上扮演的刺眼角色。[54] 越脆弱的人群（比如难民、寻求庇护者和无证件移民），就越有可能被本该保护他们的人侵犯。对 21 世纪初进入比利时、荷兰的难民和其他无证件移民的一项研究发现，性侵的施暴者中有五分之一是接待中心的工作人员、警察、律师和保安。[55]

关于政府官员在滥用职权施暴方面所扮演的角色，从地缘政治上的南方国家当中可见一斑。在印度，马图拉案件（Mathura，1972 年）、拉米扎·比案件（Rameeza Bee，1978 年）、玛雅·提亚吉案件（Maya Tyagi，1980 年）和苏曼·拉尼案件（Suman Rani，1984 年）等备受瞩目的残忍强奸案都是由警察犯下的。在诸如 1979—1992 年萨尔瓦多（El Salvador）发生的内战中，也经常看到政府和警察当局的性暴力行为。[56] 智利国家政治监禁和酷刑报告 [Chile's National Commission on Political Imprisonment and Torture Report，即维拉奇报告（Valech report）] 记录了奥古斯托·皮诺切特（Augusto Pinochet）军事独裁政府的官员在 1973—1990 年的性虐待行为；报告发现，性虐待在几乎所有的警察拘留中心都普遍存在。[57] 在菲律宾、南非、肯尼亚、纳米比亚和卢旺达等政治动荡的国家，警察和监狱工作人员的性侵行为也时有记录。[58] 当卢旺达市长让-保罗·阿卡耶苏因大规模强奸和谋杀图西族妇女而被定罪时，人们发现这些暴行就发生在市长的官邸内。尼日利亚警察部队（在其殖民历史上，警察部队保护的是英国人而不是尼日利亚人的利益）经常被指控使用强奸或威胁强奸的手段在检查站拦下女性，勒索钱财。[59]一位警察甚至公开吹嘘，这是他们工作的一项"附加福利"。[60]

正如海地妇女在 2010 年地震后所发现的那样，所谓的联合国"维和部队"士兵也可能带来性暴力威胁。那一年，三分之一的海地妇女遭受性暴力或身体暴力，其中很大一部分被指认出的施暴者正是维和人员。[61]用 20 世纪 90 年代一位目睹了另一名妇女被两名穿制服的警察强奸的海地妇女的话来说，"我没有向警察报案。报案有什么用？他们正是罪魁祸首"。[62]

南非的警察和军队因性侵罪行而臭名昭著。这一说法也可以用在美国警察和军队上，不过，这两个国家的官方机构滥用职权施暴的背景大不相同，所以我在这里把讨论的重点放在南非。在持续到 1994 年的种族隔离期间，南非警察和南非国防军经常在没有正当理由的情况下拘留老百姓。事实上，南非 1982 年的《内部安全法令》（Internal Security Act）第 29 节明确允许他们这样做。超过 80% 被拘留的人报告受到酷刑虐待，其中包括生殖器受到电击。[63]正如南非国家犯罪预防和罪犯改造研究所（South Africa's National Institute for Crime Prevention and Rehabilitation of Offenders）所长希瑟·里加纳斯所回忆的那样，"没有黑人女性愿意去警察局"。在种族隔离时期，"哪怕是被人看到出现在警察局附近，都有可能被扣上告密者的帽子，你的房子会被烧毁，你会被杀死"。[64] 在20世纪80年代末和90年代初的警务危机中，当局招募了很多"速成协警"（Kitskonstables），这些人通常是从治安维持团体中招募的。他们仅经过几个星期的训练，就被派去黑人居住区和其他以黑人为主的社区做犯罪控制的工作。很快，这些人就因强奸脆弱无助的女性而"名声大噪"。[65] 反种族隔离的非洲人国民大会（African National Congress，简称非国大）中的男性成员也强奸过他们的女同事，这些女同事出于对斗争的忠诚而不愿公开投诉。[66] 鉴于在后种族隔离时期，向南非警察当局报案的强奸案中只有四分之一最终被定罪，报告性侵带来的风险远远大于伸张正义的可能性。[67]

如果施暴者不仅仅是警察或军队这些权威当局的成员，而是来自政治地位较高的阶层时，南非妇女在遭受性虐待后面临的困难就更加严重了。这一点在"祖马事件"（Zuma Affair）中昭然若揭。2005年11月，时任南非副总统的雅各布·祖马被控强奸31岁的费泽卡·恩祖凯拉·库兹瓦约——化名"克维兹"。祖马声称该性行为是双方自愿的。结果，审判变成了对克维兹的折磨。她因为穿着"肯加"（Kanga，非洲女子的彩色裹身布）但没有穿内衣，受到严厉的批评。当得知她小时候曾三次遭到强奸时，法庭说她早应该"学会抵抗的方法"。怪诞的是，祖马本人竟诉诸本族文化，为自己辩护。他坚持认为，对祖鲁族男性来说，"让女性处于那种（性兴奋）状态而不予理睬，是一个男人能做的最糟糕的事情……她甚至可以要求逮捕你，指控你强奸"。[68] 祖马被无罪释放，令他的数千名支持者欢欣鼓舞。在法庭外，祖马唱起了解放歌曲《我的机关枪》（*Umshini Wami*）。祖马后来成为非国大主席，再后来成为南非总统。

在所有这些例子中，当权者本人就是性暴力的施暴者。但是，这种本该是保护者却成为施暴者的现象还有另一个令人不安的方面。无论施暴者的身份如何，向有关当局报告性侵，可能都会事与愿违，会造成更多的警察出现在你的社区。正如本章开头提到的关于意大利罗姆人的情况，由于报告不同族群之间的性暴力行为往往会激发公众的反移民情绪，这可能会让移民群体处于特别危险的境地。同样，生活在巴西贫民窟的妇女宁愿向当地帮派寻求帮助，也不愿意向警方报案，也就可以理解了。[69] 在北爱尔兰问题陷入"麻烦"期间，被人看到与警察交谈是极其不明智的；同样，被占领土上的巴勒斯坦妇女也根本不可能向以色列警察寻求帮助。[70] 即使在警察和当地人关系相对良好的社区，人们对当局的高度不信任也会导致许多受害者拒绝让警察介入。1999年，加拿大的一项研究采访了391名遭受性侵但没有报案的受害者。他们发现，近一半的人根本不希望警察介入；近三分之一的人认为警察无能为力；近五分之一的人认为即使找到警察也得不到帮助。[71]

同样是负责保护人民免受伤害的当局，也是造成这种伤害的肇事者，对于这一点，我们不应感到惊讶。许多警察对性行为抱有根深蒂固的暴力态度。[72] 对于武力或暴力的构成，他们的看法与常人大不相同。由于习惯了武器，他们并不那么害怕武器。此外，警察及其他权力机构与广大民众一样，歧视女性。他们甚至可能对强奸更加持赞同的态度。正如一项关于新西兰警察态度的研究结论所说的那样，"他们对强奸申诉人的调查是在一种过度坚持男权主义价值观的组织背景下进行的"。[73]

21世纪初，一项针对印度德里高级警官的研究发现，在为强奸案开脱时，90%的人摆出的理由包括女性受害者独自出现在公共场所，穿着不得体，或有些方面不检点，活该受到侵犯。[74]2002年，德里警察局局长古普塔甚至主张，如果女性"在穿衣上更谨慎，如果她们更有自知之明，如果她们不去干那些不安全的事"，那么针对女性的犯罪可以减少一半。[75]受害者再一次成了被指责的对象。

医事法学

在争取正义的过程中，公众对受害者百般指责的态度是性侵受害者必须克服的巨大障碍。法律和公众舆论始终从道德角度严格审视受害者的贞操、品行和举止；人们不是关注被告的行为，反而质疑原告的问题。为什么她偏要特立独行？为什么她不这么做、不那么做？只要是受害者没有采取的行动，都会成为事后被指责的理由。人们期望她们的身体能展现出毋庸置疑的真理。人们期望受害者的每一个动作，都符合预先设定好的强奸脚本；然而，这些脚本都是由男性编写的。他们从没有意识到性侵的严重性，从没有意识到涉及隐私的妇科检查有多耻辱（而且常常伴随着痛苦），[76]从没有意识到受害者对强奸这件事的不同反应。

纵观历史，在这类人中最具敌意的是医事法学专家。[77]例如，1815 年，阿尼色弗·W. 巴特利（Onesiphorus W. Bartley）在一本读者甚众的书——《法律医学或者医事法学专著》（*A Treatise on Forensic Medicine; or Medical Jurisprudence*）中指出，受孕需要女性达到性高潮。他认为——

> 这说明，受孕时必须有强烈的激情，这对于受孕是必不可少的。如果心情沮丧，或者压抑这种激情，就无法实现受孕。

因为（他相信），女性在强奸中是不可能达到性高潮的，如果怀孕，就证明她一定受到了"强烈激情"的"刺激"。[78] 刑事审判可能会因此推迟几个月，以确定受害者是否怀孕；而如果她真的怀孕，就可以假定她当时是自愿的。

这样的观念并没有完全消失。例如，直到 2012 年 8 月，陶德·艾金（美国密苏里州共和党众议员）还坚称，强奸导致的怀孕"非常罕见"。他声称"如果这是一场合法的强奸，女性的身体会以某种方式排斥受孕"。[79] 在 2013 年 6 月关于"怀孕 20 周禁止堕胎"的法案里，在是否应该将强奸受害者排除在外的辩论中，共和党众议员特伦特·弗兰克斯（亚利桑那州议员）重申了因强奸而怀孕的人数非常少的观点。[80] 茶党（Tea Party）成员中特立独行的沙龙·安格尔（Sharron Angle）甚至建议那些因强奸或乱伦而怀孕的妇女应该"既来之则安之"。[81] 但事实上，一些医学证据表明，强奸受害者怀孕的可能性比自愿发生性行为的妇女略高。[82]

这些观点在 21 世纪仍然有市场，实在发人深省。19 世纪和 20

世纪早期的医事法学教科书中也充斥着类似的谬见。最常见的谬见坚持认为"真正的抵抗"总是有效的。[83]

这种观点被精神病学家推向了极端,他们声称,强奸是一种"受害者触发的犯罪"。例如,在1940年的《刑法与犯罪行为杂志》(Journal of Criminal Law and Criminal Behavior)中,德国犯罪心理学家汉斯·范·亨蒂(Hans von Hentig)总结道:"如果说有罪犯,那显然也会有天生的受害者,这样的人会自我伤害和自我毁灭。"[84]1957年,著名的匈牙利—法裔精神分析学家乔治·德弗罗(George Devereux)甚至声称,女性强奸受害者多多少少是"站在强奸者一边的"。[85]正如美国法医精神病学家西摩·哈勒克(Seymour Halleck)在1972年所说,强奸受害者——

> 在促成犯罪方面起到的作用和罪犯一样大。如果"受害者"没有对性体验的欲望表现出轻浮和矛盾的态度,许多强奸——特别是在罪犯认识受害者的情况下——可能永远不会发生。[86]

这些在医事法学书籍中流传的扭曲观点,在1911—1978年印度出版的4本教科书中可见一斑。穆罕默德·阿卜杜勒·加尼(Muhammad Abdul Ghani)的《医事法学:警官和学生手册》(Medical Jurisprudence: A Hand-Book for Police Officers and Students)出版于1911年。他甚至怀疑是否能够强奸一个反抗的女人。用他的话来说——

> 一个中等身材的男人强奸不了一个中等身材的女人；如果她不想这么做，完全有能力抵制他的行为。女孩过了青春期，发育成熟后，顽强的抵抗甚至可以挫败一个身强力壮的男人的企图。[87]

67年后，贝乔伊·库马尔·森古普塔（Bejoy Kumar Sengupta）写的手册再次为这一观点辩护。他断言说，"一般情况下，不可能"强奸一名反抗的女性。不过，他也补充说，由于"那些生活在保护之下、足不出户、没有应对紧急情况经验的人不太可能"抵抗，医生应该考虑到"女性的社会地位和类型"。[88] 换句话说，中上层阶级的女性声称受到强奸的话，应该比那些贫穷的女性得到更严肃的对待，因为后者实际上是"不存在强奸的"。至于那些声称在睡觉时被强奸的妇女，森古普塔则建议说："应该记住，'眼睛闭着不代表真的睡着了'。"[89]

B. 萨达尔·辛格（B. Sardar Singh）在他的《警察医事法学手册》（*A Manual of Medical Jurisprudence for Police Officers*，1916）中介绍得更为详细。他认为，在性侵案件中，"原告及其父母的人品也值得纳入考虑"。如果受害者或其家人的性格"放荡"，那么——

> 他们可能会毫不犹豫地以强奸的名义进行诬告，为的是敲诈钱财、陷害敌人，或是避免被人发现通奸。一个受人尊敬的妇女或这位妇女的父母，不会愿意以牺牲名誉为代价来做这样的诬告；但是，如果因为通奸被抓住，她的家人可能会禁不住引诱而这么做，只为了洗白她的人品。[90]

雷姆斯·钱德拉·雷（Rames Chandra Ray）在1925年出版的《医事法学和中毒治疗纲要：学生和执业医师用书》（*Outlines of Medical Jurisprudence and the Treatment of Poisoning: For Students and Practitioners*）中回应了人们对受害者容易撒谎的怀疑。[91] 他用粗体字警告说："不要轻信她的故事，而是要判断伤口会不会并不像女人说的那样，而是其他原因造成的。"[92] 雷指示医生还要密切关注受害者的"精神状态"，注意关注"她是不是情绪异常？是不是极度兴奋？是不是吃什么药了？是不是精神失常？她对被告有什么感觉？"在他看来，"一个愤怒的女人不太可能给出非常准确的描述，她很可能思维混乱、言辞夸张。工于心计的女性会讲一个看似合理的故事"。[93] 就这样，强奸受害者面临着一个不可能的困境：如果对强奸的陈述不合逻辑，则可能会因为表述不准确而被驳回；如果陈述连贯且符合逻辑，则可能会被认为有所图谋而被驳回。很难想象强奸受害者该怎么通过这一系列的测试。

（不）公正的现实

施暴者往往担任行政要职，或者负责执法、负责制定医事法学的原则。然而，寻求帮助的受害者面临着一些非常现实的限制条件，导致这些（不）公正的因素被放大，追求正义更是难上加难。居住在农村或交通不便地区的受害者可能因为缺乏交通工具，无法前往警察局或地方法院申诉。要想引起当局重视，必须投入大量的时间；很多受害者根本承受不起请假、耽误工作造成的经济损失。[94] 受害者甚至可能发现,自己面对的警察或法律代表居然对法律一无所知,或者意识不到她们投诉问题的严重性。南非约翰内斯堡反对虐待妇女组织(People Opposing Woman Abuse)的法律顾问乔安妮·费德勒(Joanne Fedler)发现,许多南非地方法官都没听说过1993年颁布的《防止家庭暴力法案》(Prevention of Family Violence Act),因此从没想过可以起诉性暴力的丈夫。[95] 在其他情况下,受害者可能更喜欢让女警察来处理,但警察部队的成员主要(或完全)是男性。例如,2000年,日本警察中只有不到4%是女性。[96] 最糟糕的是,有时候甚至不存在司法系统。1991—2001年塞拉利昂武装冲突期间的情况就是这样,冲突导致该国的法院系统和警察系统完全崩溃。[97]

难以获得适当的警察和诉讼服务,仅仅是受害者面临的诸多困难的开始。为了寻求正义,必须要有一个可识别的施暴者、一个在法官和陪审员看来可信的受害者,以及必要的证人和足够的证据,这样才能让庭审看起来可以进行下去。即便所有这些不太可能凑齐的因素都能凑齐,受害者也经常抱怨,开庭审判的过程简直像遭到"第二次侵犯"。[98] 辩护团队更是令人生畏,受害者可能会被询问数小时,而且还可能需要提供独立证据*(在强奸审判中特有)。在其他任何一种审判中,证人都不会受到如此高度的怀疑。

在许多司法管辖区,强奸案的性质进一步加剧了这个问题。基

---

* 独立证据(independent corroboration)是指某一证据本身的证明力足以使证明对象得到确认的证据。

于强奸受害者的种族或民族身份的各种扭曲假设无处不在。肯尼亚殖民地法院官员认为，肯尼亚土著妇女在强奸案中并不会受到太大伤害。例如，1926年，时任殖民地总督的格里格坚持认为，对强奸罪判处死刑这件事"当然不能用在强奸土著妇女的案件上，因为当地的土著不认为这种罪行有多么严重"。[99]用30年后另一篇官方文章的话说，欧洲人和非洲人"对这一特殊罪行有着不同的看法……在许多情况下，他们认为这不过是失礼的行为罢了"。[100]

还有一些受害者，在他人看来算不上受到了严重的伤害。正因为如此，1909年，美国国会在就如何惩罚强奸美洲印第安人和阿拉斯加原住民妇女的男子进行辩论时，一位众议员认为"印第安妇女的道德水准并不总像白人妇女那样高尚，因此，对施暴者的惩罚应该轻一些"。[101]直到1968年，第九上诉法院还维持这一裁决：裁决指出，强奸非原住民妇女的男性将比强奸原住民妇女的男性受到更重的惩罚。[102]在19世纪末以前，美国甚至不允许原住民妇女在法庭上作证。[103]纳米比亚同样不允许妇女在传统法庭上发言，而且，所有的审判长都是男性。[104]在其他地方，比如达尔富尔，当地版本的伊斯兰法律规定，女性想要提出强奸指控，必须提供4名男性证人的证词。[105]原告面对的是充满敌意的陪审员，甚至更糟，作证时还要面对哈哈大笑的法官。[106]另外，对隐私漫不经心的态度也会带来问题。例如，在卢旺达的强奸案起诉过程中，受害者明明获得了匿名的承诺，后来却发现她们的名字被公布了。[107]用化名"格蕾丝"的受害者的话说，她在坦桑尼亚法庭上为卢旺达大屠杀期间的强奸作证,她的"证词本来应该保密",然而——

> 当我回来的时候,似乎每个人都知道了这件事。人们不断地问我都说了什么,嫌疑犯说了什么,后面会发生什么。我选择不去回应,我只是保持沉默……可是,这种处境的确太艰难了。[108]

受害者在法庭上提供证据时面临的主要困难是证明她当时没有同意(不是自愿的):举证的责任落在受害者身上,反而不要求被告证明受害者当时是同意的。不过,情况并不总是如此。布雷特·沙德尔(Brett Shadle)的研究表明,在20世纪40年代至60年代,肯尼亚吉西兰法院的长老们并不要求强奸受害者提供证据,证明她们没有同意发生性关系。与西方法庭或肯尼亚的英国殖民政府法庭的法官不同,在这里,受到强奸指控的男性要证明他们当时得到了女性的明确同意。沙德尔发现,关于女性会"事后后悔"或谎称被强奸的看法对"里顿戈"(ritongo,法院长老)而言是毫无意义的。因为大多数妇女在婚前就有过性行为,她——

> 在性行为方面的名声……多多少少是无关紧要的。法院通常认为,如果一名妇女作证说自己当时不同意,那么她实际上的确不同意的可能性很大。因此,证明女方同意是男方义不容辞的责任。[109]

当然,在几乎所有其他的司法管辖区,情况并非如此;在绝大部分司法管辖区,受害者有举证不同意的责任。这一任务异常艰巨,因为在和平时期,大多数性暴力都是私下发生的。[110]

正如我们在前面看到的那样，定义什么构成了"同意"这件事，是意大利法庭在对"T.M."一案审判中的核心问题。上诉法院减刑的理由是，那位14岁的受害者当时曾与T.M.商谈，为避免侵入式强奸，主动选择了非侵入式。这种将受害者的委曲求全理解为同意的做法并非意大利的司法部门独有。1992年，美国得克萨斯州中南部的特拉维斯郡也有过类似的判决记录，当时一个大陪审团拒绝指控乔尔·勒内·瓦尔德斯强奸。瓦尔德斯承认，当他带着一把刀闯入受害者的卧室时，处于醉酒状态。当受害者害怕感染艾滋病毒，恳求他戴上避孕套时，他照做了。强奸发生后，受害者赤身裸体，抓起刀，尖叫着跑向邻居家。大陪审团的结论是，受害者请求入侵者戴上避孕套，即表示同意发生性行为。[111] 相比瓦尔德斯的多个行为，受害者仅有一个行为，只是为了将自己受到的伤害降到最低，这却导致她对自己遭受的可怕侵犯负有责任。由于瓦尔德斯是一名持刀的陌生强奸犯，这次的判决更加不同寻常。受害者同意公开姓名，她叫伊丽莎白·灿·威尔逊。在案件的重审中，她说——

> 我并不是大陪审团期望的那种可怜的受害者。我没有挨打，没有致残，甚至没有感染艾滋病毒，也没有怀孕。我感到恶心的是，在一个居住着高觉悟人士的高觉悟的城市里，我采取一切可以想到的措施来保护自己的生命，最终却意味着我活该被强奸。[112]

那个袭击她的人最终因严重伤害罪被判处40年徒刑。

★

这一章讲述了一些令人沮丧的故事：残暴的行政当局、令人沮丧的情绪、扭曲的信念（比如那些围绕女性的性行为、贞操和名誉的观念），以及性侵受害者在试图将自己遭受的性侵行为公之于众时所面临的一系列障碍。并非所有经历过性伤害的人遭受的痛苦都能被承认；人们认为有些人遭受的痛苦比另一些人更值得关注。正如塞族强奸受害者所说的那样，许多受害者宁愿"埋葬自己的耻辱"，而不去寻求补偿，这又有什么好奇怪的呢？[113]

但重要的是要提醒人们，改变是可能的。本书最后一章重点讨论了抵抗和团结的力量；不过，即使在本章阐述的这些（不）公正故事的背景下，也有乐观的时刻。强奸并不总是给受害者及其家人带来耻辱。例如，在塞拉利昂的冲突之后，看到亲人和爱人得以幸存，家人万分高兴，热切地欢迎她们回来。[114]世界各地都有各种组织、团体在积极努力，扩大法律和社会对性虐待受害者的同情。许多早期医事法学教科书和法医精神病学学术文章中反复出现的扭曲现象，后来也纷纷被删掉了。在印度，针对严重性暴力的广泛抗议，使政府最终为这类犯罪设立了单独的警察局和法院。[115]即使是在本章开头提到的案件——意大利学生对驾驶教练的强奸指控被驳回，理由是"如果穿牛仔裤的人不积极配合的话，几乎不可能脱得下她的紧身牛仔裤"——也在女性主义者、妇女权利倡导者、法律专家和意大利最高法院的共同努力下，最终实现了正义。[116] 本章的结束语，必须借助伊丽莎白·灿·威尔逊之口来表述。在对强奸她的施暴者的最后审判中，她告诉陪审团，公众称她是"避孕套强奸案的受害者"。但她是这样答复的："我不是避孕套强奸案的受害者。我没有受害者的心态……我是强奸案中的幸存者。"[117]

第三章

性别带来的麻烦

语言会造成伤害。正如英国作家乔治·奥威尔（George Orwell）所说："如果说思想会腐蚀语言的话，那么语言也会腐蚀思想。"[1] 语言决定了我们对世界的看法以及体验世界的方式。语言告诉我们应该如何去感受、如何去行动。语言揭示出最基本的假设。

因此，在谈论性暴力时使用的语言有时会让人感到危险，也就不足为奇了。我们谈论强奸时使用的语言充满了性别的二元对立（"她"和"他"对立），以及自主性的二元对立（"受害者"和"施暴者"对立）。借助酷儿思维，我们现在可以直接用"他们"（they）作为中性的第三人称代词；通过反思大屠杀，使我们习惯于在受害者/施暴者的二元对立中加入"旁观者"这一视角。不过，如果不站在当事人的性别以及自主性的角度来分析问题，在思考和描述性暴力时会遇到很多困难。在本书第五章中，我们会专门处理受害者/施暴者之间的二元关系，而在这一章，我们将试图打破性别上的二元关系，因为这种关系对我们没有帮助。我们在这里关注的是那些易受伤害的、不符合标准性别身份的人，他们在性暴力的叙述中经常沦为无关紧要的脚注。同时，这么做还能提醒我们，不要凭空制造出新的风险类别：对顺性别男性遭受的性暴力也要予以承认，并在理论上加以研究。

这一章要阐述的关键概念就是"易受伤害性"（vulnerability）。这个词源自拉丁语"*vilnus*"，意思是"伤口"。说一个人"易受伤害"，是指他容易出现伤口。当然，一切众生都是易受伤害的。这不仅因为我们是肉体凡胎、生命有限，还因为我们在本质上都要依赖他人。美国哲学家朱迪斯·巴特勒（Judith Butler）在她 2003 年发表的文章《暴力、哀悼、政治》（*Violence, Mourning, Politics*）中指出——

> 在某种程度上，人们之所以结成政治实体，是因为我们的身体在社会中易受伤害……我们遭受损失和受伤的风险似乎来自我们这些构成社会的一个个真实的躯体。我们依赖他人，就要冒失去这种依赖的风险；我们把自己暴露给他人，就要冒这种暴露带来的暴力风险。[2]

也就是说，人的社会性特征意味着一些人——比如少数性别群体的成员——比其他人更容易受到性暴力的伤害。但我们不应该因此就在易受伤害性这个问题上，采用本质主义或"列清单"的方式对它一概而论，这会导致某些群体（比如非二元性别的人或黑人及少数族裔的妇女们）在所有易受伤害性的等级架构中，被自动分配到风险较高的位置。这种贴标签的方法最终会造成对整个群体的刻板印象，纵容人们采用一种居高临下的、家长式的态度对待他们。谈到性暴力，这种列清单的方法之所以不成功，另一个重要的原因就是，社会中力量更强的群体，比如顺性别的男性，可能会哭笑不得地发现，他们在社会中的权势地位正是导致他们自己在遭受性暴力后少有人问津的原因。

正因为如此，我们才有必要关注不同的风险类别。一个人是不是易受伤害，取决于他、她或者中性第三人称的"他们"是否有能力防止别人伤害自己。这正是本书前言中提到的金伯勒·克伦肖的交叉性概念告诉我们的内容。克伦肖观察到，人们的易受伤害性来自多个方面，其中一些是内在的（比如肤色、性别、残疾或性取向），另一些则是外在的或者环境因素引起的（比如在监狱、军营或贫民窟中）。这些易受伤害性彼此交织，互相强化。人们的某一项特征或者身份，就其本身来说并不会让他们更容易受伤害，或者更不容易受伤害；意识形态、经济、政治以及构建并维持权力等级的空间系统，才会让他们更易受到伤害。易受伤害性从来都是人与人之间的事情。易受伤害的人是那些被某些人渲染成"可以伤害的人"。

本章首先从交叉性出发，研究南非城镇中黑人女同性恋者的易受伤害性。其次研究遭遇性暴力风险很高的、不符合标准性别身份的人。这些人之所以易受伤害，不仅是因为他们属于特定的性别群体，还是因为他们在各种个人和社会环境中，自己的需要和欲望得不到周围人的认可。最后我会把视线转向顺性别的男性，他们通常被认为是最不容易受到性暴力伤害的群体，却仍然会遭遇种族歧视和隔离，被划为另类而定罪，沦为军事机器并遭到折磨。至关重要的是，在所有这些例子中，交织在一起的易受伤害性受到全球权力体制的影响，特别是受到殖民征服和跨国武装冲突的后遗症的影响。

矫正性强奸

2010年4月，在南非开普敦郊外一个小镇古古莱图，30岁的米莉森特·盖卡晚上外出，在和朋友一起回家的路上，遇到了邻居安迪尔·恩科萨。她叫朋友们先走，自己留下来和邻居聊天。然而，这个邻居把她推进了一间小屋。在接下来的 5 个小时里，她遭到残忍的殴打和强奸。她后来讲述时说——

> 我以为他要杀了我，他就像一头野兽。他一直在说："我知道你是同性恋。可你不是男人，你以为你是，但我要告诉你，你是一个女人。我要让你怀孕。我要杀了你。"[3]

她活了下来。袭击发生后，她告诉一位记者，那些支持这名施暴者的人会说，"我试图当个男人，甚至抢走了他们的女朋友。所以我活该被人强奸。他们会说这是我自找的"。[4]

部分得益于女同性恋组织"Luleki Sizwe Womyn"（帮助我们国家的妇女）项目的支持，盖卡慢慢地从痛苦中恢复了过来。[5]恩科萨随后被逮捕。但当案件提交到温伯格性侵案法庭时，他只交了60兰特的罚款（相当于一个三明治的价格）就被保释了。[6]他逃跑了，直到 2013 年才再次被抓住，最终被判处 22 年监禁。[7]

盖卡只是南非数千名遭受矫正性强奸或治疗性强奸的女同性恋、双性恋、变性及无性恋群体中的一员。[8]矫正性强奸指的是一名或一群男性强奸性少数群体中的成员，理由是后者对异性恋的正统性和顺性别群体的主导地位造成了威胁。讨论这种形式的性暴力所使用的词汇本身就会带来潜在的伤害，毕竟，矫正性或治疗性强奸是施暴者对这件事的称呼。这些词汇还暗示，受害者的性取向或性行为是不恰当的，甚至是邪恶的。然而，有些学者认为应该使用"恐同性侵"（homophobic sexual assault）这个术语，[9] 但这一术语并没有反映出施暴者持有的非常令人反感的假设——异性恋性关系更优越。

在盖卡遭受折磨的时候，在人口只有 250 万的开普敦，每周就会发生 10 起新的矫正性强奸案。[10] 一些分析人士估计，南非每年至少有 500 名矫正性强奸案的受害者。[11] 根据 1996 年南非宪法第 9 条，南非是世界上第一个将基于性取向的歧视定为犯罪的国家。也正因为如此，这类强奸现象在南非如此流行，就更令人不安了。此外，南非还是第一个将同性婚姻视为合法的非洲国家。立法上的自由主义，和实际上对同性恋者的厌恶情绪之间的对立，在这里表现得再明显不过。

南非女同性恋者和她们在世界各地的支持者们为了对抗矫正性强奸，开展了大量的政治游说、抗议活动和行动主义艺术活动。盖卡遭受的磨难把全世界的女性主义者集结在了一起。为了显示全球团结，各国的社会活动家在线上发起请愿活动，要求南非总统雅各布·祖马对这种行为采取果断行动。来自 163 个国家的 17 万名支持者签署了一份请愿书，要求政府将矫正性强奸定为仇恨犯罪，并因此要求警察和刑事司法系统严肃处理每一起指控。[12] 他们的努力取得了成功。

艺术家也为消除矫正性强奸而斗争。南非视觉活动家扎内勒·穆霍利（Zanele Muholi）和电影制作人彼得·戈德斯米德（Peter Goldsmid）决心号召公众谴责这种做法，同时他们也在颂扬南非女同性恋者的生活。他们在 2010 年拍摄的纪录片《艰难的爱》（*Difficult*

Love）不仅关注了南非黑人女同性恋者（包括米莉森特·盖卡）遭遇的暴力，还讲述了爱和坚韧的故事。他们传达的信息是，尽管不断受到攻击，但性少数群体的队伍正在蓬勃发展。

南非

并不只有米莉森特·盖卡经历过这样的事。在和平时期，南非的人均强奸率高于世界上任何其他国家，但只有 3% 的强奸案上报给了警方。[13] 在某种程度上，南非的危机是由于在种族隔离期间以及之后，该国高度的军事化性质带来的。南非国防军、南非警察、因卡塔自由党的军队、非国大的军队以及众多右翼和左翼的准军事武装，共同创造了一个掠夺成性的社会。在种族隔离制度下，强奸经常被用来作为恐吓黑人的手段。在城镇中，普遍存在一种无法无天的感觉，因为警察和军队的核心职能是对黑人居民进行"控制和遏制"而不是"维持治安和保护"。[14] 城镇在设计上也无法为女性居民提供私人和安全的居住场所。

这种情况造成的结果就是性暴力水平的飙升。在种族隔离时期，南非有色人种女性成为强奸受害者的可能性是白人女性的 4.7 倍。2000 年，南非《星期日时报》（Sunday Times）发布了一份调查报告。这是一项为期 3 年的调查，他们采访了 2.7 万多名青年男女，发现四分之一的年轻男性承认，他们在 18 岁之前和女性发生过未经双方同意的性行为。而且有 80% 的人认为女性应该对性暴力负责。[15]

在种族和性别之上，再增加性别认同时，情况就变得更糟了。黑人女同性恋者和性少数群体的成员尤其容易受到伤害。在南非，86%的黑人女同性恋者生活在可能遭受性侵的恐惧之中，而白人女同性恋者的这一比例为44%。[16]与其他受害者相比，对黑人女同性恋者施暴的人被逮捕和受到惩罚的可能性也更小。这也是盖卡抱怨的其中一项。毕竟，恩科萨不是第一个侵犯她的人。2002年，盖卡被4名男子轮奸。在那次事件中，袭击她的人被逮捕，并被判处10—15年的监禁。然而，她痛苦地指出："他们只过了几年就出来了。他们服刑的时间太短了……我又看到他们在古古莱图走来走去。"[17]正如南非索韦托的女同性恋者扎赫·索韦洛所观察到的那样："当你被强奸时，你的身体会留下很多证据。但当我们试图报告这些罪行时，什么结果都没有，你接着就会看到强奸你的男子又在街上自由地走来走去。"这种正义无处伸张的情况尤其令人不安。因为正如索韦洛所抗议的那样："他们每天都会告诉我，他们会杀了我，会强奸我；说在强奸我之后，我就会变成一个女人。"[18]恩昆齐·赞迪莱·恩卡宾德（Nkunzi Zandile Nkabinde）是一名巫医（*sangoma*，本地治疗师），也是一名女同性恋者，她说，"根本就没有女同性恋者安全生存的空间"。[19]

充当男性角色的女同性恋者面临的危险最大。黑人女同性恋者于2001年在约翰内斯堡成立了"妇女赋权论坛"（Empowerment of Women）。杜杜扎勒是这个论坛的成员，她说——

> 如果你充当女性角色，那么旁人可能看不出来你是个女同性恋

者……但如果你充当男性角色,当你穿得像个男人,你的行为在某种程度上像个男人时,你就可能成为目标……当他们(男人们)看到你的女性特征,你的行为却不一样时……当他们要向你证明你是一个女人的时候,可能就是他们开始强奸你的时候。[20]

根据受害者的性别认同性质——是充当男性角色的女同性恋者,还是充当女性角色的女同性恋者,还是异性恋者——不同,强奸对她们的影响也不同。充当男性角色的女同性恋者会受到额外的伤害,她们因为声称的男子气概而受到攻击。[21] 穆霍利和那些充当男性角色的女同性恋者交谈过。正如她所解释的那样,这些人心理受到了创伤,因为被一个男人制服和强奸"切断了她们的性别认同,抹杀了她们赋予自己的性别角色"。她指出,她们的"男性性别认同建立在她们拥有的、在性接触中不必被别人亲密抚摸的权利之上。因此,向任何人透露遭到私密触摸的性侵犯都是痛苦的,这让她们丧失了信念,丧失了自己的性别认同"。[22] 这种类型的伤害再次巩固了一个存在问题的观念:男子气概天生不可侵犯。当然,这终究是表达了一种特定形式的痛苦。

南非的女同性恋、双性恋和无性恋女性遭受性仇恨犯罪的风险极高,而这些行为往往是由邻居、熟人和家庭成员实施的。[23] 如何解释这一现象?攻击者认为,女同性恋者威胁到了他们对女性身体的独家"接触权"。换句话说,顺性别男性用性暴力来"警告"女同性恋者侵犯了"他们"的领地。[24] 他们还呼吁女性必须遵守异性恋的规则——如果不自愿遵守,就要通过残酷的暴力逼迫她们遵守。正如一名南非男子所解释的那样,尽管他声称自己并没有"折磨"过女同性恋者,但他可以"理解"为什么有些男人会进行矫正性强奸。他声称,这样的强奸是为了让女同性恋者"知道她们必须成为异性恋者……一旦她被强奸过,她就会知道哪条路更好"。[25]

这种根深蒂固的男性优越感,又因为根深蒂固的对同性恋者的憎恶而进一步增加,有时还与殖民主义宗教运动有关。在弥赛亚宗教进入之前,非洲大陆普遍接受同性恋。[26]尽管如此,施暴者还是断言,同性恋是从道德败坏的西方传入非洲大陆的。换句话说,他们声称非洲社会被有西方背景的人权活动人士和性解放的支持者污染了。[27]因此,对于施暴者来说,同性恋"不是非洲的",把女同性恋者变成"真正的非洲女性"是他们的责任。[28]

因此,具有反讽意味的是,在一些非洲国家,矫正性强奸得到了来自美国新保守主义右翼的反同性恋游说者以及极端基督教福音派的支持。在这些福音派人士中,最著名的是来自美国马萨诸塞州斯普林菲尔德市的牧师斯科特·莱弗利(Scott Lively)。2009年,他受邀向数百名乌干达精英人士发表演讲,这些听众中还包括国会议员。他在演讲中说"同性恋运动是一股邪恶的运动",其目标是"击败以婚姻为基础的社会,取而代之成滥交文化"。莱弗利将当代性少数群体比作"西班牙的宗教法庭、法国的'恐怖统治'、南非的种族隔离时代以及长达两个世纪的美国奴隶制"。他甚至声称,同性恋者是那种"可以操控毒气室进行大规模屠杀的人……卢旺达那件事

（屠杀）可能就和这些人有关"。[29]

这一煽动性言论让赞比亚的圣公会牧师卡皮亚·考玛（Kapya Kaoma）感到震惊。2009年，他在题为《全球化的文化战争：美国保守派、非洲教会和恐同症》（*Globalizing the Culture Wars: U.S. Conservatives, African Churches, and Homophobia*）的报告中，展示了"在基督教人口中心从发达国家向发展中国家转移之际"，美国保守派是如何在"非洲的国内文化战争中"煽动非洲神职人员的。考玛对美国福音派正在推动的反对性少数群体的议题感到痛心，因为它导致针对性少数群体的"暴力事件增多"。他警告说，"公开地、严重地憎恶同性恋者的暴力事件现在很普遍"。[30]

考玛对美国福音派教徒的指责，让公众对性少数群体实施矫正性强奸在某种程度上是"非洲特有文化"的观念大大减弱。事实上，在北美洲、拉丁美洲、牙买加、厄瓜多尔、泰国和印度等不同的地方，都有矫正性强奸事件的记录。[31] 在厄瓜多尔，厌恶同性恋的父母可以将他们"不正常"的孩子监禁在这种机构中，通常至少监禁6个月，每个月的费用在200—1200美元。[32]

重要的是，在不同的语境下，矫正性强奸可能有不同的含义。最为明显的是，南非矫正性强奸的支持者要矫正的是从西方传入的"变态"的性别规范；而其他地方矫正性强奸的支持者是在捍卫西方的基督教价值观。他们引用圣经文本，宣称同性恋是"令人憎恶的"。支持"矫正性"行为仅仅是在遵守上帝的话语。

对于另外一些北美人来说，他们给出的支持矫正性强奸的理由正好相反。听说过可以用性解放为理由为这种做法辩护吗？例如，1990年在美国明尼苏达州，一名牧师强奸了一名无性恋妇女。他说这"是适合她的治疗方式，因为这会消除她压抑的心情"，并最终"让她获得自由"。[33]这也是袭击朱莉·德克尔（Julie Decker）的人给出的借口。德克尔现在是美国的一名社会活动人士。她19岁时，一个男性"朋友"性侵了她，试图"治愈"她的无性恋倾向。德克尔后来回忆说，实施矫正性强奸的人"认为他们只是在唤醒我们；认为我们以后会感谢他们的"。[34]那位强奸者的看法与前面那位未透露姓名的南非男子的评论相互呼应："一旦她被强奸过，她就会知道哪条路更好。"[35]这样看来，针对酷儿的暴力不仅是对同性恋者的厌恶，也是对女性的厌恶。

跨性别者

人们在讨论矫正性强奸时，通常是在一种试图将异性恋的性别认同强加给受害者的框架下进行讨论。但矫正性强奸显然包含了非常强烈的惩罚元素。像盖卡这样的南非黑人女同性恋者非常清楚这种动机。

这也是跨性别者在讲述他们遭遇性暴力时提及的一个突出主题。他们同样仅仅因为性别认同而成为性暴力的目标。针对跨性别者的暴力在印度和尼泊尔尤其突出。在那里，跨性别者被认为是最低种姓的成员和性工作者。对双性人、变性人和无性人［被称为"柯蒂斯"（kothis，同性恋中扮演女性角色的男人）和"海吉拉斯"

（*hijras*，雌雄同体的人）］的敌意是残酷而不加掩饰的。[36]他们会受到警察、军人、流氓和尼泊尔毛派武装分子的性侵。[37]印度南部卡纳塔克邦的公民自由人民联盟（People's Union for Civil Liberties）在一份报告中披露了暴力事件的严重性。报告中的结论认为，性暴力在跨性别者的生活中是"持续且普遍存在的"。至少，"海吉拉斯的性行为……成为好色之徒满足好奇心的目标"，但这往往会导致"残酷的暴力"。甚至警察——

> 也会不断地侮辱海吉拉斯，问他们有关性的问题，剥光他们的衣服，在某些情况下强奸他们……警方的态度似乎是，由于柯蒂斯和海吉拉斯从事性工作，所以他们无权享有任何有性别公民的权利。[38]

如果警察在抓捕时发现柯蒂斯携带安全套，就会将其作为证据，证明他们是性工作者或在公共场所从事性活动。[39]因此，许多柯蒂斯拒绝携带安全套，这增加了他们感染艾滋病和其他疾病的风险。

针对跨性别者的性暴力在世界各地普遍存在。其残酷程度之高，类似于柯蒂斯以及海吉拉斯们的遭遇。在美国，一项全国性研究发现，12%的跨性别儿童在小学期间曾遭到性侵。[40]另一项来自美国的研究显示，一半的跨性别者曾经历过亲密伴侣的性暴力。[41]

与世界上的其他地方一样，美国司法系统不愿承认，也不愿对此类暴力行为做出回应。法庭通常会把跨性别受害者遭到的虐待归咎于他们自己。最臭名昭著的例子就是"以跨性别者引起的恐慌作为辩护策略"。性暴力的施暴者以他们遭到欺骗、以为自己是在与一个顺性别的人发生性关系为由，为自己的暴力行为辩护。[42]2006年，美国学者布拉德福德·比格勒（Bradford Bigler）甚至在《加州大学洛杉矶分校法律评论》（*UCLA Law Review*）上发表了一篇文章，为变性人不透露自己出生性别会引发暴力的观点进行了辩护。按照这样的逻辑，跨性别者总要根据他们出生时就已经确定的解剖学上的性别来定义自己。这是对他们自我意识和生活经历的否定。[43]

当跨性别者和其他酷儿群体成员遭到性侵后，他们在报案方面也遇到了许多障碍。最重要的是，向家人、雇主、房东或社区四邻透露自己的性别认同可能会产生破坏性的影响。跨性别者有理由认为这会引起别人的歧视。在全美歧视问题调查中，五分之一的受访者在暴露其跨性别身份后被医疗机构拒绝服务，28%的人报告说在医疗过程中受到骚扰。[44]在美国的一些州（包括蒙大拿州和南卡罗来纳州），性少数群体无权对有暴力倾向的性伴侣申请保护令；在其他州要想这么做，障碍也很多。[45]人们经常把"跨性别者恐惧症"这样的说法用在受害者身上，暗示他们没有任何性吸引力，不太可能遭受性暴力。[46]用一位跨性别妇女的话说，她的男朋友"会告诉我，没人愿意要一个像我这样的怪胎，我不是个真正的女人，我一文不值"。[47]不幸的是，跨性别者恐惧症这种说法可能会被跨性别者内化，成为他们本能感受的一部分。

对跨性别女性来说，监狱是一个特别危险的地方，尤其当她们通常会被送到男性监狱时更是如此。关于这一问题最全面的研究是在北美进行的，也许是因为美国是世界上监禁水平最高的国家。受加州惩教署（California Department of Corrections）委托完成的一份报告得出结论称，跨性别女性在狱中遭到性侵的可能性是顺性别男性的13倍。[48] 在加州监狱中，近60%的跨性别囚犯曾遭到过性侵；与此形成鲜明对比的是，在随机选择的囚犯中，只有4%的人遭到过性侵。[49] 跨性别囚犯通常被安置在隔离牢房中，进行"保护性监禁"，这实际上造成了单独拘禁的情况。[50] 人们通常拒绝为他们注射性激素，即使他们已经注射了几十年。[51]

更令人不安的是，在60%的监狱冲突案例中，监狱官员都会察觉到有对顺性别囚犯的性侵；相比之下，在71%的案例中，监狱官员完全察觉不到有对跨性别囚犯的性侵。在一个随机抽样的调查中，70%的囚犯在遭受性侵后，在需要时得到了医疗救助；而在跨性别囚犯的样本中，64%的人在需要时没有得到医疗救助。[52] 监狱保安和狱警可能根本就不相信跨性别女性会被强奸，认为她们不是"真正的女人"。[53] 许多跨性别囚犯最终会选择"保护性配对"，也就是与一名囚犯发生性关系，以保护自己免受其他囚犯的伤害。[54]

监狱

这些针对性少数群体的暴力事件令人沮丧，但我们不应该因此而忽视其他极易受到伤害的群体。这些群体里包括各种性别和性取向的因犯。换句话说，尽管我们必须承认监狱中的跨性别女性面临着极高的风险，但我们也不能忽视发生在白人、顺性别男性身上的性暴力。根据各种评估，在美国监狱中，所有性别的囚犯被强奸的比例为1%至20%以上。[55]公众不仅极度轻视这些囚犯遭受的痛苦，而且在相当一部分描写监狱生活的电影中，甚至成为笑料的来源。[56]

20世纪90年代，美国政府对监狱中日益严重的性暴力问题的担忧达到了顶点，他们要求司法部对全美国53个惩教署开展调查。这份于1999年发表的调查报告显示，至少有45%的监狱曾因工作人员与囚犯之间的不当性行为而卷入集体诉讼或个人伤害诉讼中。工作人员或囚犯没有就什么是不可接受的性行为接受过培训；大多数监狱甚至没有政策规定，禁止工作人员和囚犯之间发生性行为。[57]

还有许多研究也发现，尽管主要的受害者（和施暴者）是男性，但女性囚犯也会被迫与其他囚犯或工作人员发生性关系。当她们被单独囚禁时，她们的衣服会被拿走，负责监控的男性狱警就可以看到她们的裸体。[58]非暴力犯罪的囚犯，不论性别，都会被关在狭小的牢房里，被迫和那些习惯使用暴力来达到自己意志的囚犯同住。越来越多的囚犯鼓起勇气去起诉那些未能防止性侵的官员，却发现，投诉抱怨会使他们面临更大的危险，或者受到更多的监视。[59]他们会被贴上"告密者"的标签，很可能面临施暴者及其朋友们的报复。[60]正如我们在跨性别囚犯身上看到的那样，保护性监禁也无济于事。因为它的主要功能是惩罚违反监狱规定的囚犯，因此监禁条件非常糟糕。[61]退一万步说，保护性监禁也意味着他们失去了权利（包括受教育和在监狱中干活挣钱的权利），减少了享受娱乐系统（比如电视）或宗教服务的机会。[62]一些监狱试图将同性恋囚犯关押在单独的建筑中以减少他们遭到残暴性侵害的机会，但收效甚微。这种单独囚禁要求性少数群体的囚犯公开他们的性取向，这可能会带来毁灭性的长期后果，尤其对拉丁裔、黑人和穷人来说更是如此。[63]

即使囚犯报告受到了攻击，攻击他们的人受到惩罚的情况也极为罕见；即使受到了惩罚，他们也很可能会在事后被送回受害者所在的监狱区域。狱警和其他监狱官员只是建议受害者"忍气吞声"或者"成熟点儿"，或者嘲笑他们像个"爱哭的孩子"。正如一名监狱官员对一名遭到性侵的囚犯所说的那样："我不为你感到难过，你这是罪有应得。"[64]想躲开这一切是不可能的。

当然，并不是所有人受到伤害的可能性都一样。被贴上"娘娘腔"标签的男性囚犯、有残疾的囚犯，以及那些比大多数囚犯更年轻或体型更矮小的囚犯面临的风险更大。[65]性别认同也是一个重要因素。我们已经在跨性别囚犯身上看到了这一点，但其他性少数群体也暴露在危险之中。监狱官员通常认为，同性恋者因为其性取向，他们的所有性行为都是双方自愿的。[66]2008年，美国司法统计局披露，在州立监狱中，男同性恋和双性恋囚犯受到其他囚犯性侵的可能性是男异性恋囚犯的10—11倍（男同性恋囚犯受性侵概率为34%，男双性恋囚犯为39%，男异性恋囚犯这一比例只略高于3%）。[67]然而，在被监禁的女性囚犯中，女同性恋者、双性恋者和异性恋者在遭到其他囚犯伤害的可能性方面几乎没有差异（所有人遭到伤害的可能性都是13%）。[68]另一项针对加州监狱的研究同时考虑了性别认同以及种族因素。他们发现，在随机抽样的囚犯中，67%的同性恋囚犯报告说曾经遭到过性侵，而在异性恋囚犯中，这一比例仅为2%。在遭到性侵的同性恋囚犯中有一半是非洲裔美国人；而在遭到性侵的异性恋囚犯中，非洲裔美国人的比例为83%。[69] 换句话说，同性恋会增加遭到性侵的风险，而"黑人异性恋"遭到性侵的风险同样很高。

男性的易受伤害性

到目前为止，本章探讨了性少数群体（比如女同性恋者和跨性别女性），以及在监狱里的男性和女性在面对性暴力时的易受伤害性。但没有被监禁的同性恋者和顺性别的男性又会如何呢？事实上，在20世纪70年代同性恋解放运动兴起和同性恋合法化之前，男同性恋者往往被描绘成性暴力（尤其是针对儿童的性暴力）的施暴者。但我们不应该就此忽视他们成为受害者的可能性。同样，承认性暴力主要是由顺性别的男性实施的，也不意味着就可以忽视他们中的那些性暴力的受害者。

与女同性恋者和跨性别女性一样，男同性恋者想要证明自己遭到了性暴力，也面临着巨大的障碍。同性恋群体可能会担心，"家丑外扬"会进一步污名化他们。这并非没有道理，毕竟，直到1973年，美国精神病学协会还将同性恋列为一种疾病，世界卫生组织在1992年之前也是如此。如今，有78个国家仍然将女同性恋者、男同性恋者、双性恋者、跨性别者或间性别者（intersex）的性行为定为犯罪。[70] 甚至身居最高行政职位的人也对他们肆意辱骂。例如，津巴布韦总统罗伯特·穆加贝毫不犹豫地称同性恋者"比猪、狗还坏"，并威胁要"对这些人严惩不贷"。[71] 法律系统通常将双方自愿的同性性行为和强迫性性行为混为一谈，根据同样的律条对两者进行指控。这就是说，在马拉维、波多黎各和美国的十几个州等不同的司法管辖区内，同性恋受害者在向警方报案遭到性侵时，反而有可能被逮捕和受到处罚。[72]

顺性别男性（包括男孩和成年男性）同样会遭到性暴力。在许多司法管辖区，均认为强奸指的是一种侵犯女孩及妇女贞操的罪行。因此，根据定义，只有女性才能被强奸。人们认为，男性没有"贞操问题"，因为他们从来都是"有需求的一方"。[73] 这种扭曲的观点也得到医务人员的附和。由于假设受害者是女性，他们甚至不会去询问男性是否可能受到了伤害。[74] 事实上，很少有男性受害者在身体上留下伤痕（比如在斯里兰卡，仅有 10% 的遭受性酷刑虐待的受害者，在生殖器上留下了伤痕）。这一事实也降低了他们遭受的痛苦获得医学诊断的可能性。[75]

只要观察国际人权组织评估受害者的方式，就可以清楚地看到这种否认男性也是潜在受害者的情况。人们对武装冲突期间从事和性暴力相关工作的 4076 个非政府组织进行了调查，其中只有 3% 的非政府组织提到了男性受害者，且通常只在简短的注释中提及。[76] 事实上，一些国际救援组织非常不愿意公开谈论男性之间的强奸。例如，2010 年，设在乌干达首都坎帕拉的非政府组织难民法律援助计划（Refugee Law Project）制作了一部名为《针对男性的性暴力》（Gender against Men）的纪录片，探讨在武装冲突期间对男性的强奸问题。当国际救援组织试图叫停影片的放映时，导演克里斯·多兰感到非常沮丧。国际救援组织给出的理由是，把对男性的强奸和对女性的强奸放在一起谈论，是一场"零和游戏"。换句话说，他们认为，为武装冲突期间性暴力受害者提供的资金是一块"已经烤好的蛋糕"。他们告诉多兰，如果"你开始谈论（遭到性侵的）男性，你将以某种方式吃掉一大块他们花了很长时间烤好的蛋糕"。[77]

这一观点得到了 20 世纪 70 年代"第二波浪潮"的众多女性主义者的认同。她们同样担心，向遭到性侵的男性受害者提供帮助和支持，会分散女性受害者得到的宝贵资源。20 世纪 90 年代在美国的一座大城市中开展的一项调查显示，在为性侵受害者提供服务的 30 家机构中，有 11 家不接收男性受害者，并声称他们的机构"不是为接待男性而设立的"。[78] 在另外 19 家声称"愿意"帮助男性受害者的机构中，在过去一年里只有 4 家真的这么做了。[79] 同性恋和跨性别的受害者也经常抱怨，家庭暴力和性暴力庇护所对他们态度冷淡。[80]

对于什么样的行为属于男性之间的性侵，人们有不同的看法。一些人拒绝承认这属于性侵，而且由于措辞和术语的选择问题，这种情况越发恶化。例如，秘鲁真相与和解委员会（Peruvian Truth and Reconciliation Commission）将男性遭受的性羞辱、生殖器损毁和其他形式的性酷刑归类为非性侵犯罪：它们被归在"酷刑"而不是"性暴力"类别下。当研究人员重新分析最初的证词时，他们发现超过五分之一的性暴力受害者是男性，但最初的归类显示只有 2% 的性暴力受害者为男性。[81]

这种差异该如何解释呢？究其原因，在一定程度上，研究人员和人权活动人士认为，对男性的性暴力必须包括强迫侵入的性行为。荷兰乌得勒支健康医疗避难中心（Refuge Health Care Centre）的哈里·范·蒂恩霍文（Harry van Tienhoven）观察到，医生和护士"已经熟悉了针对女性的性暴力，因为这通常意味着强奸，所以他们认为针对男性的性暴力也会以同样的形式出现"。[82] 男性受害者也会内化这种假设。[83] 例如，受雇于前南斯拉夫国际刑事法庭性侵调查组的埃里克·斯坦纳·卡尔森（Eric Stener Carlson）报告说，一些遭到折磨、"睾丸被打"的男性没有报案。这"并不是因为他们害怕揭露性侵犯罪，而是因为发生在他们身上的事情不符合他们对性侵的理解"。卡尔森说，他们之所以拒绝将此类暴力视为性暴力，是因为"在和平时期，睾丸被打通常是一种'正常'的事情"，在体育运动中尤为常见。[84] 因此，这类暴力的严重程度被严重低估了。

这是一种常见的看法。在酒吧打架时，如果一个男人不断踢另一个男人的生殖器，会被认为是"单纯的人身攻击"而非"性侵犯"。在海军和陆军，以及公立学校和各种兄弟会当中，"遭到欺辱"属于一种"入会仪式"。男性加入兄弟会或者体育俱乐部时的这种和性高度相关的仪式，也可以从"社会纽带"的角度来理解。

因此，当学者把注意力集中在对顺性别男性的性侵行为上时，他们发现了意想不到的事情。例如，2010 年，针对全美亲密伴侣和性暴力的调查（National Intimate Partner and Sexual Violence Survey）发现，过去一年，男性和女性的非自愿性行为的次数基本一致（各为约120万次）。[85]当男性被直接问及他们是否与女性有过"不情愿的性经历"时，回答"有"的比例很高。不可否认，在解释这些统计数据时需要谨慎。毕竟，在世界上的一些地区，对性别的期望就包括要求男性扮演主动的角色，女性扮演被动的角色。考虑到这一点，男孩和年轻男子经历的"不情愿"的性关系的证据是非常多的。在全美犯罪受害者调查（National Crime Victimization Survey）的家庭调研中（1992—2000年），人们发现，性侵和强奸的受害者中有9%是男性，其中46%的男性受害者声称曾遭到女性的虐待。[86]调查还发现，30%的女性会向警方报案，而只有15%的男性会这样做。对男性受害者而言，当施暴者是男性时，更有可能会报案（报案比例为22%）；而当施暴者为女性时，报案的情况则少得多（报案比例为7%）。[87]这可能因为男性对男性的性侵在身体、情感和性方面造成的伤害更大。2016—2017年，芭芭拉·克拉赫（Barbara Krahé）和她的同事们对希腊的性侵受害者进行调研后发现，在受害者中，年轻男性受到的伤害高于年轻女性。[88]2004年，另一项针对布基纳法索、加纳、马拉维和乌干达的研究发现，在12岁至19岁的男性中，有4%至12%的人在第一次性行为中"完全不愿意"。[89]在印度、加勒比地区、加纳、纳米比亚、南非和坦桑尼亚，这一比例为2%至16%。[90]在秘鲁，在参与调查的男性中，有20%的人经历过不情愿的性行为；而在喀麦隆和南非，这一比例分别为30%和44%。[91]

对一些人来说，发生性行为的压力不是来自女性，而是来自男性朋友，因为这些朋友会嘲笑他还没碰过女人。

另外还有三种情况，男性（包括成年和未成年）容易遭到性暴力的伤害，分别是奴隶制度、宗教组织（尤其是基督教组织）和武装冲突。根据定义，被奴役之人的身体不属于他们自己。大量文献都揭露了女孩和妇女成为奴隶后遭到的系统性性暴力。[92] 但文献中较少提及的是作为男性成为奴隶后遭到的性暴力。这些性暴力之所以从历史中被抹去，部分原因在于人们对于男性气质的普遍误解。人们认为，男性总是渴望性交，因此（至少顺性别的男性在异性性交中）总是自愿的。人们根据性暴力在法律和社会中的定义，重新命名了针对男性的性暴力，把它和针对女性的强奸行为区别对待。这一做法也加重了对男性遭到性暴力现象的忽视。忽视男性奴隶遭到性暴力的原因还与奴隶制度有关。例如，认为黑人男性性欲亢进的种族主义观念，以及人们普遍假设男性奴隶主是异性恋者，并且假设女性奴隶主要么是父权制的受害者，要么在性行为上是被动的一方。

对男性遭受性暴力的忽视，部分原因也在于定义的扭曲。例如，阉割男性奴隶，并没有被归入性暴力的范围，只认为是一种"暴力"。同样，鞭打男性奴隶之前剥去他们的衣服，也只被看成惩罚，性方面的问题却被忽略了。在1856年出版的《奴隶制的北方视角》（*A North-Side View of Slavery*）中，弗吉尼亚州的奴隶艾萨克·威廉姆斯回忆道，他的奴隶主会剥光他和他妻子的衣服，然后鞭打他们。[93] 这些惩罚通常导致他们的生殖器伤痕累累。男性奴隶也被迫与女性奴隶发生性关系，生育孩子，但历史学家通常不会将这归为非自愿的性行为。1832年1月18日，弗吉尼亚州的奴隶主戈尔森先生在议会的一次演讲中说——

> 稳健守旧的人总是认为（也许是不正确的），土地的主人对土地每年的收成有合理的权利；果园的主人对果园每年的果实有合理的权利；种马的主人对每年的马驹有合理的权利；而女奴的主人，对她们每年生下的孩子有合理的权利。

奴隶主的"财产权"是"建立在智慧和正义之上的"。这导致这位奴隶主——

> 在女奴怀孕时不要求她服务，而且会在她怀孕期间照顾她，并抚养无助的婴儿。财产的价值证明这是一笔合理的支出；我可以毫不犹豫地说，它的增长构成了我们的大部分财富。[94]

换句话说，强迫女奴生育（其中往往涉及强迫男奴性交）进一步增加了奴隶主的财富。密西西比州的奴隶威廉·J.安德森的证词也说明了这一点。对于奴役他的那个人，安德森回忆道——

> 他对财富的贪婪完全消除了他作为人的感情。他晚上密切监视他的奴隶们，把他们关在家里……我知道他曾经让4个男人两手空空地离开了他们的妻子，而且禁止他们回来探望，否则会像打狗一

样打死他们。然后，他强迫这些女奴嫁给其他人。看看做奴隶是什么滋味吧。一个人，像畜生一样被驱赶、鞭打、买卖，根据主人的出价被呼来唤去。[95]

还有一个奴隶说，如果"任何一方胆敢表现出不愿意，主人就会让这两个人当着他的面完成性交"。[96]

对男奴和女奴的性暴力，白人女奴隶主也扮演了积极的角色。历史学家托马斯·A.福斯特（Thomas A. Foster）在2019年出版的《鲁弗斯遭遇之反思：对男奴的性侵犯》(*Rethinking Rufus: Sexual Violations of Enslaved Men*) 一书中，揭示了这种性暴力的程度。他感叹道，尽管白人种植园的女奴隶主在奴隶制度中扮演着主要角色，但人们一直认为她们在性行为上缺乏自主性。[97]事实上，人们都知道，白人女奴隶主强迫黑人男奴和她们睡觉，有时还出言威胁，如不服从就鞭打他们，或把他们卖给臭名昭著的虐待狂奴隶主。偶尔她们也会承诺给予奴隶自由。[98]

如果说男性容易受到性暴力伤害的第一种情况是在奴隶制下，那么第二种情况就是在基督教当中。最近几十年来，在全世界范围内，天主教会因大量的性胁迫丑闻而摇摇欲坠。据估计，美国6%的天主教神父曾性虐待过未成年人。[99]天主教会虐童丑闻牵涉了上至教皇的所有人。受害者中男孩的比例非常高。例如在美国，1850—2002年的受害者中，五分之四是男性。[100]许多学者试图弄明白，这些性虐待为什么能持续这么长时间而没有被曝光。他们指出，教会强调等级和服从,这些做法抑制了批评的声音。而主教们依赖"教区律师、保险公司,有时还有不正规的治疗中心来指导他们处理性虐待事件",在事实上阻碍了司法调查。[101] 笃信天主教的父母不相信教区的牧师作为上帝的仆人,会有性虐待的行为。[102] 特别是虔诚的、憎恶同性恋的父母,他们无法想象自己的儿子处于危险之中。一些学者指出,许多牧师在14岁时进入神学院,因此从未真正生活在"现实世界"中。他们有一种强烈的大权在握的感觉,其中也包括认为"正常"的规则不适用于他们。同时,对教会深厚的忠诚,以及在宗教影响力越来越弱的时代背景下,不愿在公开场合"家丑外扬"或不愿质疑圣职神圣性的做法,也在这个问题上起到了推波助澜的重要作用。[103] 至关重要的是,教会宣扬的是救赎的信仰:我们都是罪人,但我们都可以被救赎。[104]

男性容易受到性暴力伤害的第三种情况是在武装冲突期间。统计数据令人震惊。《美国医学协会杂志》(*Journal of the American Medical Association*)在2010年发表的一项调查发现,刚果东部22%的男性报告说,在武装冲突期间遭受过性暴力。妇女的占比略高,为30%。[105]

在利比里亚,一项具有代表性的人口调查发现,三分之一参加过战斗的男性遭受过性暴力。[106] 在南、北基伍省和伊图里省(刚果民主共和国),所有人口中21%的男性以及一半参加过战斗的男性遭受过性暴力。[107] 在斯里兰卡,这个比例估计为9%至21%。[108] 在所有这些武装冲突中,施暴者受到指控的情况极为罕见,更不用说起诉了。

类似的暴行也发生在卢旺达种族大屠杀中。一名图西族男子被3名男子强奸，生殖器官被切除，他听到士兵们吹嘘说，"让他们这些男人失去生殖器官，图西族就会最终灭绝"。[109]1998年，卢旺达国际刑事法庭裁定强奸属于种族灭绝和反人类罪，因为强奸"通过侵犯女性身体给一个群体带来了伤害"。[110]同样的说法也适用于那些性器官被损毁的男性。这些男性受害者不仅不能生育，而且被逐出了男性社会，成为"事实上"的女性。刚果民主共和国战争期间遭受性虐待的一名男性幸存者证实，其中一名强奸犯不断重复说："你不再是男人了，你将成为我们的一个女人。"[111]来自南基伍省卡齐米亚地区的一位化名"波利多尔"的男性也经历了类似的灾难。他当时已经结婚，有4个孩子。波利多尔说，当布隆迪叛乱组织的士兵袭击他的村庄时，士兵闯入他的家，当着他孩子的面强奸了他和他怀孕的妻子。他回忆说，在他被强奸的时候，"他们不断地说，'你不再是男人了，你将成为我们的一个女人'"。这种性暴力造成的耻辱和污点不仅剥夺了男人作为家庭"保护者"的身份，而且破坏了家庭和群体的凝聚力。

在使用酷刑的政权中，男性对男性的性暴力最严重。[112]在希腊独裁统治时期，一项对28名男性囚犯的调查发现，43%的人遭受过生殖器创伤。[113]丹麦酷刑受害者康复暨研究中心（Rehabilitation and Research Centre for Torture Victims）开展的一项研究显示，受害者的比例数字更高：148名男性酷刑受害者中，有69%的人曾遭受过性酷刑。[114] 在萨尔瓦多冲突期间被关押的 434 名囚犯中，超过四分之三的囚犯报告说至少遭受过一次性酷刑。[115] 1997—1998 年，184 名斯里兰卡泰米尔男子在伦敦寻求庇护，他们的资料最终被提交酷刑受害者看护医疗基金会（Medical Foundation for the Care of Victims of Torture），这些资料显示，有超过五分之一的人曾遭受过性虐待。

人们如何看待针对男性的性暴力？对这个问题的一个令人不安的回答是，和对女性的性暴力不同，对男性的性暴力是非常变态的事情。例如，在 1971 年孟加拉国的独立战争期间，有的男人被巴基斯坦的士兵强奸。正如一位解放战士告诉人类学家纳尼亚尼卡·穆克吉（Nayanika Mookherjee）的那样，强奸男性是野蛮行径：只有来自"边疆"（而不是"平原"）的男子才会有如此邪恶的行为。这名战士解释说，在亚洲平原上，男性对男性的强奸是"完全不自然的"。对于生活在平原上的男人来说，"强奸女人是比较自然的事情……强奸男人更像是一种边疆文化"。[116] 换句话说，他们认为强奸女性是"符合自然的事"；而强奸男性的男人一定来自更"原始"的边疆文化。穆克吉的研究还发现，"和战士们谈论对妇女的强奸更容易一些"，因为这样的对话有助于"动员异性恋男子加入游击队，击败巴基斯坦军队，解救被强奸的妇女，并在战后重建他们的国家"。相反，"对男性身体的侵犯"必须被"排除在家国大义的叙事之外"。[117]

正因为人们认为，对男性的性暴力是"不自然的"，所以这种性暴力造成的伤害尤其大。它破坏了异性恋规则。正如一位美国咨询师一直说的那样："异性恋男子不希望被人看成同性恋，所以他们不会报案。"[118] 那些怀有敌意的评论者会问，他们会不会没有意识到，自己其实"很希望这样"？[119] 对同性恋的憎恶是男性检举男性性暴力案件时遇到的巨大障碍。[120]

最后一点，由于男性被视为群体的保护者，他们遭受性暴力、公开的性羞辱和阉割，会对群体造成极大的伤害。这种耻辱不仅属于受害者，也属于他的家庭和社区。也正因为如此，不少报告性暴力事件的受害者可能会被自己的家人殴打。[121]

如果承认被一个女人性侵，则更加丢脸：男性被认为是发生性关系的发起者，如果他遭到胁迫，他能够有效地抵抗。正如刚果民主共和国难民项目（Refugee Project in the Democratic Republic of the Congo）的性别事务官员莎乐美·阿蒂姆（Salome Atim）所说，非洲男人不容易受到伤害。他们"从不会垮掉，从不会哭泣。一个男人必须是领导者，要供养整个家庭。如果他做不到这一点，社会就会认为他有问题"。[122] 遭到性侵的男子试图掩盖他们的"耻辱"；当他们自己无法隐瞒时，会请求别人通知他们的妻子。当妻子得知丈夫的秘密时，她们会反问："那现在我要怎么和他生活在一起？他算什么？还是丈夫吗？难道是妻子？……如果他可以被人强奸，那么谁来保护我？"[123]

★

这一章我们以乔治·奥威尔的格言"语言也会腐蚀思想"开始。这句格言适合所有谈论并思考性暴力的人。在性别二元对立("她"和"他"的对立)的语境下,酷儿群体的生活被抹杀。在这种情况下,这句格言非常具有启发性。所有人都可能因为权力的压迫、殖民征服和武装冲突而变得易受伤害。因此,不应该把易受伤害性归类为属于特定人群的、不可改变的特征。性暴力能够伤害的远远不是用"列清单"的方法列出的那些人群。人们通常认为的享有权势地位的群体——比如顺性别的白人男性——也有可能成为痛苦的受害者。换句话说,关键的一点就是,不要简单地把少数群体看成易受伤害的原因。有一种观点叫"易受伤害的主体性"(vulnerable subjecthood)。这种观点坚持认为,少数群体不畏惧暴力其实是痴心妄想。这种观点引发了恐惧和焦虑。它鼓励人们保持沉默,并把责任归咎于让自己"置身险境"的人群。它让人们产生深深的无力感。

与成千上万名生活在南非城镇的黑人女同性恋者一样,米莉森特·盖卡(我在本章开头部分提到的女性)知道,由于特定的肤色,以及生活在特定的地缘政治环境中,她身为充当男性角色的女同性恋者,很容易受到矫正性强奸的伤害。然而,关键的问题是,像盖卡这样的女同性恋者遭遇的"性别带来的麻烦"并不是她们的性别认同问题的结果，而是其他人不接受她们的性别认同造成的结果。换句话说，不是易受伤害性引起了性暴力，而是性暴力造成了易受伤害性。

与此相反，少数群体经常奋起反抗。例如，南非的黑人女同性恋者卓有成效地建立了快乐的、充满力量的社区。正如前面讨论过的扎内勒·穆霍利的艺术项目那样，很多类似的项目都在颂扬黑人酷儿群体的生活。任何对易受伤害性的分析也必须研究性少数群体以及其他容易受到性暴力伤害的群体在构建反抗和友爱的社区时，"表达性别认同、种族认同和阶级自我"的各种方式。[124] 希望就存在于这些社区和联盟之中。

第四章 婚姻中的性暴力

> 我无论如何都要走，
>
> 你说什么、做什么，都没有用——
>
> 尽管你费尽心思要束缚我，
>
> 用眼泪、拳头、工作、负罪感，
>
> 还有我对你依然留存的爱，
>
> 但我无论如何都要走，
>
> 我要走出这噩梦，
>
> 走进阳光里。
>
> ——朱迪·格梅尔（Judy Gemmel），
> 《走进阳光里》(*Into the Sun*)，1975 年[1]

朱迪·格梅尔写于1975年的诗《走进阳光里》讲述了一位妻子决心离开虐待她的丈夫时，发自内心的呼喊。这首诗发表时，正值澳大利亚女性主义运动的重要时期，当时越来越多的女性公开抗议她们在家庭中的从属地位。特别是已婚妇女，她们强烈地意识到，当初的结婚誓言剥夺了她们对自己身体的权利。她们可以起诉丈夫殴打，但不能起诉强迫性交。法律认为妇女只要已婚，即视为同意与丈夫的每一次性交。从法律上讲，她永远不能指控丈夫强奸她。这称为"婚内强奸豁免权"（marital rape exemption），也就是说，在法律上，丈夫不可能强奸妻子，因为通过结婚，他获得了与妻子发生性关系的权利。

本章将探讨"婚内强奸豁免权"问题，以及为了推翻它而开展的一些运动。虽然我从澳大利亚的情况开始谈起，但这些女性主义者和改革者在试图将婚内强奸定为犯罪时遇到的困难，在世界各地都存在。对女性来说，无论是不成比例的家务劳动，还是丈夫认为自己的性权利是天经地义的态度，婚姻中总是充满不平等。这也是我要用一整章来讲述这种极为有害的性暴力的原因：毕竟，丈夫强迫妻子发生性关系，在人们眼里似乎是最能容忍的性暴力形式。这种暴力甚至获得过强有力的捍卫。语言哲学家约翰·L.奥斯汀（John L. Austin）认为，在婚礼上说出的"我愿意"三个字，是典型的"施行言语行为"（performative speech act），即言语本身就是行为，或者说就在完成某种行为。通过说"我愿意"，一个女人不仅嫁给了一个男人，而且放弃了未来对他说"我不愿意"的权利。在为妻子提供婚姻保障和庇护的幌子下，她们变成了终生的性奴隶。

通过婚内强奸是否成立的辩论，我们可以探讨妇女对于自己身体权利的态度。本章从20世纪70年代到80年代澳大利亚关于这个问题的辩论开始谈起，然后回顾这些辩论的历史背景。19世纪的哲学和政治学文本在后来的关于婚内强奸豁免权的辩论过程中也起到了作用。接下来，本章将简要考察婚内强奸豁免权在全世界的现状，然后分析一些反对将婚内强奸定为犯罪的常见观点。最后，我们将回顾女性主义者、改革者和法学家为了让丈夫为其性暴力行为承担后果所采取的一些策略。在本章最后一节中，我将着重讨论纳米比亚将婚内强奸定罪的进步尝试。这个例子让我们对立法改革的局限性提出了质疑，因为它并没有引起公众态度的根本转变。

不过，在进一步讨论之前，我们必须对谈论这些主题使用的语言做到格外谨慎。我们在谈到强奸妻子的丈夫免予起诉时采用的法律术语是"配偶强奸"（spousal rape）和"婚内强奸豁免权"。虽然我们不可能不使用这些术语，但必须指出它们在性别中立上的欺骗性。在这里使用"丈夫强奸"（而不是"配偶强奸"）和"丈夫强奸豁免权"这样的短语实际上更准确，因为妻子不需要这样的豁免权。这里有两个原因：首先，她们的"强奸"不是法律上定义的强迫性侵入式强奸；其次，她们强迫丈夫发生性行为的情况相对少见。同样有问题的还有一些法律（比如希腊的法律）。这些法律以对家庭成员——而不是对女性家庭成员——的性暴力为由，将强迫发生性关系定为犯罪。[2] 我们在这里把丈夫定位为婚姻中的主要施暴者并不是要否认，一些男人也会受到妻子的性侵。然而，只有这样做才能看清家庭暴力中存在的巨大的性别差异。

澳大利亚的情况

20世纪70年代和80年代，当澳大利亚的女性主义者听到众多杰出的政治家为丈夫拥有可以不受限制地和妻子发生性关系的权利出言辩护时，感到非常沮丧。例如，在1981年4月8日的一场议会辩论中，自由党议员纳撒内尔·奥尔（Nathanael Orr）认为，废除丈夫的婚内强奸豁免权将威胁到婚姻的基础。他声称，根据婚姻契约，"你已经承诺同意，对于另一方的身体，双方都有平等的权利"。对于将"配偶强奸"定为犯罪，他深感焦虑，因为"人们不知道一个恶毒的女人或者一个出于某种原因脾气很坏的女人会做出什么事来"。毕竟——

> 如果某人心情不好，或者家里发生了一点小打小闹，妻子为此跑到当地警察局报案说"我被强奸了"，那么法庭对于这种发生在床帏间的事情，又能查出什么真相来呢？谁又能知道真正发生过什么呢？特别是在双方都没有性暴力历史的情况下，该怎么推断呢？议会最近在讨论反歧视立法。这是对男性最恶劣的歧视。[3]

奥尔的论证尤其阴险，因为他采用了夫妻关系中权利平等的模型。一方面，他坚持认为婚姻中的每一方都对另一方的身体拥有不可剥夺的权利；另一方面，他认为将婚内强迫性的性行为定为犯罪只会导致对一方，也就是丈夫一方的歧视。如果将诉诸权利的话语用来加强白人男性的特权，就会存在严重的问题。

其他保守派政客和"道德警察"很快联合起来，阻挠废除婚内强奸豁免权的尝试。其中一位是贝弗利·凯恩斯夫人（Mrs Beverley Cains），她是澳大利亚首都地区议会家庭事务组的议员。1985年，她在《堪培拉时报》（*Canberra Times*）上发表了一封信，题为《关于婚内强奸的无稽之谈》（*Nonsense Talked about Rape in Marriage*）。凯恩斯夫人坚持认为，强奸的危害并不在于它对身体的伤害，甚至不在于它"侵犯了女性身体的完整性"。强奸之所以是犯罪，是因为——

> 它有可能导致婚外怀孕。它破坏了受害者与现在、过去或未来

的丈夫和孩子在心理上的和谐统一。因此，它不仅是对受害妇女的侵犯，也是对她的婚姻和家庭的侵犯，因为婚姻和家庭是女性性行为的根本要素。

这是一个典型的例子：不把女性按照一个拥有自身权利的人来定义，而只是按照她和丈夫及子女的关系来定义。凯恩斯夫人继续说，在婚姻的背景下，很明显（至少对她来说很明显），被自己的丈夫强奸，和女人在其他情况下被侵犯时的"方式或程度是不一样的"，因为从定义上说，婚姻"意味着你始终都同意发生性关系"。她乐于承认"任何一方都不应该被迫同意在任何时候为另一方提供性服务"，但她声称"丈夫强迫与他同床共枕的妻子发生性关系，从正常的认知或对错的角度来看，是一种对个人的侮辱，而不是民事犯罪"。[4] 凯恩斯夫人非常愿意表明自己已婚妇女的身份，还特地在自己的名字上加上"夫人"二字。当时还有不少澳大利亚的妻子们表达了同样的观点。她们认为，婚姻中的双方处于一种互惠互利的状态：丈夫为妻子提供经济支持；妻子为丈夫提供性服务。这种婚姻观近似卖淫，令人不安。还有一些人认为，丈夫"拥有一些权利要求性交。只要他的要求是合理的，没有诉诸暴力，也不过分，就可以"。妻子们应该"忍受这一点"。[5]

澳大利亚的女性主义者意识到，她们面临着一场战斗。这不仅涉及妇女是否因为结婚而在性方面自动失去所有自主权的问题，还涉及更广泛的妇女权利和自由的问题。1974年3月9日至10日在悉尼教师联合会礼堂举行的会议，是澳大利亚反对性暴力的女性主义运动的一个关键转折点。性暴力是这次会议的一个关键话题。与20世纪70年代在世界各地发生的情况一样，妇女越来越愿意公开谈论她们遭受性暴力的情况。社会主义者、女性主义活动家乔伊斯·史蒂文斯（Joyce Stevens）参加了1974年的那次会议。10年后，她回忆说，那次会议是"一次提高大众自我意识的运动"。她描述说——

> 138名女性站起来发言。其中许多人甚至无法向最亲密的朋友或家人透露她们遭受过的殴打和性侵。其中一些人还是首次公开演讲。妇女们紧张地坐着，屏息凝神，演讲者们都在努力克服自己的悲伤和痛苦。[6]

几天后，由安·萨默斯、詹妮弗·达克斯和贝西·格思里领导的一群女性主义者进入悉尼市格利伯地区的两座废弃建筑中，将那里改造成了"埃尔茜妇女庇护所暨夜间避难所"（Elsie Women's Refuge Night Shelter）。这是澳大利亚第一家妇女庇护所。埃尔茜妇女庇护所于1974年3月16日开业，从那之后，受到虐待和无家可归的妇女、儿童陆续来到这里。[7]澳大利亚的妇女庇护运动开展得十分艰难，在财政上也遇到了困难。为了资助埃尔茜妇女庇护所，萨默斯甚至卖过大麻。在她的回忆录《池塘中的鸭子*》（*Ducks on the Pond*）中，她承认，"现在看来，对于我当年的所作所为，我并不感到骄

---

* "池塘中的鸭子"是一句澳大利亚俚语，指通常全是男性的环境，比如酒吧。

傲；但那些日子里我们内心的绝望，再怎么形容都不过分。我们感到对我们承诺提供庇护的那些女性负有责任"。她同时为自己的行为做了辩护，理由是她"只是重新分配了市中心那些人无论如何都会花掉的钱，用于一项急需的服务"。[8]

她们的努力获得了回报。一年之内，澳大利亚就出现了12家庇护所，其中包括墨尔本妇女解放中途之家（Melbourne Women's Liberation Halfway House）、布里斯班妇女中心（Brisbane Women's Centre）、阿德莱德的娜奥米妇女庇护所（Naomi Women's Shelter）、珀斯的纳尔丁·温敏庇护所（Nardine Wimmin's Refuge），以及位于悉尼西部地区的马里克维尔妇女庇护所（Marrickville Women's Refuge，现在是原住民妇女和儿童危机服务中心）。[9]1976年对在埃尔茜妇女庇护所和马里克维尔妇女庇护所避难的1000多名妇女开展调查后发现，70%以上是婚内强奸的受害者。[10]

庇护所数量的迅速增加，揭示出遭受丈夫性暴力的妇女对避难的需求。女性主义者的这一举动很有必要，因为各州和联邦政府都没有认识到问题的严重性。毕竟，在大多数州，婚内强奸不是犯罪，遭受性暴力的妻子甚至不能申请紧急住房。警察不愿意介入他们所谓的"家务事"。反强奸运动的女性主义者坚持不懈。1975年，这个共同体筹集到一些资金，从那时起，她们开始取得初步的成功。但这不仅仅是钱的问题。正如庇护所活动人士凯瑟琳·甘德（Catherine Gander）所说的那样，这也是为了"在政治上获得认可，让大家知道家庭暴力不是一件'私事'"。[11]

然而，庇护所只是权宜之计，并没有彻底解决这个巨大的、根本性的问题。我们需要进行更多的根本性改革。法律需要改革。澳大利亚的女性主义者提请大家注意，丈夫强奸妻子而免于起诉的豁免权来自1736年法官马修·黑尔爵士（Sir Matthew Hale）的一项判决。根据黑尔的说法，妻子已经承诺一生都同意与丈夫发生性关系。他说——

> 丈夫不可能因为强奸自己的合法妻子而被定罪。因为根据他们双方同意的婚姻契约，妻子已经毫无保留地将自己交给了丈夫，而且不能收回。[12]

女性主义者及其支持者指出，黑尔是一位虔诚的清教徒，他使用《圣经》上的比喻，不适合作为20世纪法律的基础。根据《圣经》，上帝在用亚当的肋骨塑造了夏娃之后，下令说："因此，人要离开父母，与妻子结合，二人成为一体。"（创世纪2:24）上帝随后在对夏娃的诅咒中，包含了这样一句话："你必恋慕你的丈夫，你的丈夫必管辖你。"（创世纪3:16）女性主义者还注意到黑尔曾积极参与对巫女的审判，他在1662年曾判处两名妇女死刑。[13]

在这件事情上，黑尔并不是唯一的权威来源。另一位著名的法学家威廉·布莱克斯通爵士（Sir William Blackstone）起到了同样重要的作用。他在1765年宣布，婚内强奸无罪。正如布莱克斯通所解释的那样，"通过婚姻，丈夫和妻子在法律上成为一个人"。他坚持认为，"在婚姻中，妇女的自我或者她在法律上的存在就暂时终止了，或者至少被整合进了她丈夫的存在当中：她的一举一动都在丈夫羽翼的保护和庇护下"。[14] 根据这种被称为"一体化"的原则，妻子在法律上的存在和丈夫在法律上的存在结合在一起，不可分割。妻子在法律上的存在，包括她可以提供性交功能的身体，也同样是丈夫的一部分。

这一原则适合现代世界吗？女性主义者指出，18世纪的法律和社会与20世纪的截然不同，这些法官的说法已经过时。在黑尔和布莱克斯通写下那些话的时候，女性缺乏基本的财产权和受教育权；她们无法获得政治权利。除非极特殊的情况，否则离婚是不可能的。妇女直到19世纪才获得这些权利。鉴于这些差别，不能拿黑尔和布莱克斯通的话来证明20世纪后期妇女的从属地位是合法的。

澳大利亚的女性主义者意识到，仅在法律上抗争是不够的。妇女自身的看法也必须改变。澳大利亚女性主义者在反对婚内强奸豁免权行动中最有创意的一种方式是电影。1980年，独立电影制作人苏珊·兰伯特、莎拉·吉布森、玛莎·安萨拉和帕特·菲斯克发行了她们制作的短片《紧闭的门后》(*Behind Closed Doors*)。与为庇护所筹措资金一样，为影片筹措资金同样困难，因为她们无法得到政府的拨款。她们采用了一种当时很新颖的方法：在妇女中心放映电影的初剪版本，鼓励观众捐款来制作成品。这种早期的群众外包（crowdsourcing）方式，确保了电影在女性群体中得到了广泛的响应。[15] 据兰伯特事后回忆，这部电影"向我们证明，从自己的经验出发，相信自己的本能和创造灵感"，可以"生产出真正的、充满潜力的东西"。[16] 吉布森补充说，它能激发"大家的热议"。[17]

《紧闭的门后》以一间整洁的卧室开场，唤起了女性在婚姻生活开始时的浪漫希望和梦想。然后，影片的色彩逐渐变成红色（表示受伤），接着变成蓝色（表示性暴力）。玻璃破碎的声音，萨克斯管演奏出悲伤的曲调。床变得凌乱，上面有一条男裤和一条腰带，还有一件撕破的睡衣。影片中没有出现女性画面，但观众能听到各种声音，经历过家暴和强奸后的女性完全知道那是什么。在影片中，一群希腊女人七嘴八舌地谈论"在紧闭的门后藏着的秘密"。[18] 这些遭受性暴力的妻子决心不再忍受下去。虽然她们使用的词汇和本章开头格梅尔的诗句不同，但庇护所里面的妇女谈论的都是和格梅尔的诗相同的主题：

尽管你费尽心思要束缚我，

用眼泪、拳头、工作、负罪感，

还有我对你依然留存的爱，

但我无论如何都要走。[19]

当《紧闭的门后》中的妇女决定离开虐待她们的丈夫时，卧室又恢复了整洁。

这部影片不仅是运动发起者的工具，还为那些经历过家庭暴力和婚内强奸的妇女提供了一条讨论自己经历的途径。出于这个原因，导演们一直小心翼翼地避免影片中出现任何偷窥的暗示。正如策划这部电影的苏珊·查尔顿所解释的那样，遭受性暴力的女性可以利用这部电影，因为"她们作为受害者，不会被色情化……影片中只有女人的声音，并没有女人的图像"。[20]这部影片也没有延续对于施暴者和受害者形象的扭曲认识。在电影人合作组织举办的女性电影研讨会上放映这部电影时，一位影评人指出，这部电影——

> 成功地挑战了许多关于家庭暴力的谬见。它明显打破了之前的刻板印象——妻子被酗酒的、疏远的以及（或者）失业的丈夫殴打。这主要是因为屏幕上看不到任何一张伤痕累累的女人的脸。[21]

通过画外音，观众们"清醒地意识到，这种情况可能发生在任何家庭的任何女性身上"。[22]

但我们要承认，这种"任何女性"的说法存在问题：澳大利亚女性遭受家暴的风险程度并不相同。原住民女性"更容易受到家暴"。根据2010年的一份报告，原住民女性受到家庭暴力的可能性是其他妇女的40倍。[23]而且，由于许多原住民社区与世隔绝，加上他们对官方法律的不信任，这个数字肯定被低估了。

尽管《紧闭的门后》这部影片的导演坚持认为，"任何女性"都可能是受害者，但她们同样明确地指出，并非"任何男性"都是施暴者。正如兰伯特所说的那样，她们不希望《紧闭的门后》被人"单纯地当作一部独立主义电影来解读；不想让人觉得，这种事发生在女人身上，是男人对她们做的，所以男人都是敌人，解决办法就是和他们分开"。[24]她们还担心，一些观众可能会简单地得出结论，认为解决方案就是建立更多的庇护所，而不是从根本上改变性别之间的关系。

但这种改变缓慢得令人心痛。1976 年，南澳大利亚州率先发起了一场旨在废除婚内强奸豁免权的激烈运动。这一运动由女性主义者领导，但也赢得了时任司法部部长的进步人士彼得·邓肯（Peter Duncan）的支持。邓肯坚持认为，"每个成年人都有权同意或不同意婚内或婚外的性行为"。[25] 不幸的是，对这场运动的报道经常有失偏颇。墨尔本《先驱报》(*Herald*) 在引用邓肯的话时使用了这样的大字标题："男人和妻子的法案引发激烈争论"(*Man and Wife Bill Sparks a Rumble*)。这个标题很容易让人觉得，男人是一个完整的人，而女人只是妻子。

情感政治又从其他角度推动了这一运动向前发展。在 1976 年 11 月 11 日的一场辩论中，安妮·列维（Anne Levy）议员宣读了一位遭受婚内强奸的妇女的自白，让南澳大利亚州立法议会的政客们深受感动。一位有 5 个孩子的 26 岁的妇女告诉她，"要是你说错话或者惹恼了他，他就会打你，然后他就要上床……他当着孩子们的面，强奸了我好几次"。[26] 结合对法律详尽的批评，这些证词起到了很大的作用。1976 年，南澳大利亚州成为世界上第一个将婚内强奸定为刑事犯罪的普通法司法管辖区。然而要定罪，必须"情节严重"才可以；这一限制直到 1992 年才被删除。[27] 1981 年，在南澳大利亚州之后，新南威尔士州也废除了丈夫婚内强奸豁免权。[28] 到 1992 年，澳大利亚所有司法管辖区都废除了婚内强奸豁免权。女性主义者和其他社会活动人士欢欣鼓舞，但他们知道，这只是法律上的胜利。

因为在现实中，有家庭暴力的丈夫中只有很少一部分被起诉。而在澳大利亚警方接到的强奸案报案中，只有5%被最终定罪。[29] 婚内强奸案的这一比例甚至更低。

全球范围内的家庭暴力

在权力带有明显性别特征的社会中，丈夫强奸妻子的事情很常见。我们马上就会看到，19世纪的哲学家和女性主义者提供了有力的证据说明，它在道德上应该受到谴责。在这些论证被提出的时代，妇女正越来越多地被看作有自身权利的个人，而不仅仅是按照她们和父亲或者和丈夫的关系来定义的个人。然而，她们的诉求在法律上没有得到重视。直到1926年，苏联才成为第一个在民法中将婚内强奸定为犯罪的国家，接着是1950年的捷克斯洛伐克和1969年的波兰。苏联和捷克斯洛伐克这两个共产主义国家做出上述决定是基于这样一种观点：对性自由的限制损害了个人自觉自主的权利，与社会主义信仰背道而驰。波兰在1932年的《刑法》中有关于丈夫强奸豁免权的条款。在其《刑法》第三十二章中，强奸被归为"违反道德的犯罪"，而唯一受到认可的性关系是夫妻之间的性关系，所以它不可能违反道德。在1969年的刑法改革中，强奸被归为"侵犯自由的犯罪"。由于在社会主义国家，妻子拥有性自由，她们是可能被丈夫强奸的。[30]

世界上的其他国家迟迟没有跟进。如今，丈夫强奸妻子的情况在48个国家中仍然不是犯罪。其中半数国家的法律明确支持婚内强奸豁免权。美国的司法管辖区直到1976年（内布拉斯加州）才开始废除配偶强奸豁免权；到1993年，北卡罗来纳州成为美国最后一个废除配偶强奸豁免权的州。意大利在1976年、法国在1984年、西班牙在1989年、英格兰和威尔士在1992年、德国在1997年才开始考虑对实施婚内强奸的丈夫定罪的可能性。在希腊，直到2006年，婚内强奸才被定为犯罪。与澳大利亚一样，在法律上起诉施暴丈夫的可能性不一定能转化为实际的起诉。2013年对希腊遭受家庭暴力的妇女进行调查显示，只有6%至10%的人向警方报案，而定罪率仍然极低。[31]同样，在南非，婚内强奸在1993年被定为犯罪，但直到19年后才有第一个案子起诉成功。[32]世界各地的警察仍然不愿意插手"家务事"，他们通常鼓励妻子和解，而不是起诉。[33]

在法律上不禁止婚内强奸，或者虽然禁止但力度不够的这些问题非常普遍，造成丈夫强奸妻子的事情很常见。例如，土耳其在2006年废除了婚内强奸豁免权。当时36%的已婚妇女"有时"会遭到婚内强奸，而16%的已婚妇女"经常"遭到婚内强奸。[34]1993年，南非《防止家庭暴力法案》第5条规定，"丈夫可能因婚内强奸被定罪"。[35]然而，1999年对开普敦1394名男性工人展开的一项调查发现，15%的男性承认在过去10年中曾在一个或多个场合强奸或企图强奸妻子或女友。[36]一项针对居住在约翰内斯堡的年轻男性的类似研究显示，三分之一的人认为"强迫认识的人和自己发生性关系不是性暴力"。[37]很显然，仅在立法上反对婚内强奸永远不会改变人们的态度或做法。

由于人们在举报性暴力的时候存在巨大障碍，这些统计数据更令人担忧。在历史上许多时期，以及在婚内强奸不属于犯罪的司法管辖区内，根本没有对这些数据进行过统计。这让历史学家 A. 詹姆斯·哈默顿（A. James Hammerton）得出结论，认为在 19 世纪英国的法庭上，妻子起诉丈夫"殴打和人身攻击"的案子中，有很高比例实际上是婚内强奸案。他观察到，许多这类人身攻击都发生在床上，而且"并没有解释为什么会发生争吵"。一个合理的解释就是，许多妻子利用身体遭到殴打的证据来惩罚实施性暴力的丈夫。[38]

如今，举报丈夫强奸这种事遇到的障碍和过去一样大。遭受性暴力的妻子知道她们不会得到正义。丈夫强奸妻子得到的惩罚仍然明显低于非配偶强奸得到的惩罚。在那些相对不重视浪漫爱情的社会中（比如南亚部分地区），当一个女人抱怨遭到丈夫性侵时，很难得到他人的认真对待。[39]和我们在本章开头看到的澳大利亚的情况一样，法官和陪审员经常会担心，妻子是不是在丈夫性侵问题上撒谎，以便争取到更好的离婚协议？遭到家暴的妻子会不会报复心很强？最让人气愤的是，丈夫可以对妻子拥有巨大的权力。这激怒了约翰内斯堡反对虐待妇女组织的法律顾问乔安妮·费德勒。她发现，家暴的丈夫经常威胁妻子说，"跟你的孩子们说再见吧，因为你再也见不到他们了"。他们还这样威胁妻子——

"法院是不会把监护权判给你这种疯子的。""我发誓，你一旦离开我，我就辞职。我宁愿饿死也不会给你生活费。""下次我会先开枪打死你,再开枪自杀——法律不会给死人定罪的。""你报警吧,看看我是不是在乎——你以为警察不会打自己的妻子吗?"[40]

巨大的经济和家庭压力,都极大地阻碍了她们提出任何指控。

正如比帕夏·艾哈迈德(Bipasha Ahmed)、宝拉·雷维(Paula Reavey)和阿纳米卡·马宗达(Anamika Majumdar)关于南亚女性在英国生活经历的研究中所指出的那样,某些女性群体在报告家庭暴力时面临着各种不同的障碍。艾哈迈德、雷维和马宗达警告人们不要将"南亚"妇女的经历同质化,不要诉诸刻板印象,认为她们都很"顺从"。她们还指出,在这些盘根错节的社区中,妻子们处于巨大的道德压力之下,为了维护家庭荣誉,为了避免整个社区蒙羞,不得不留在遭受家暴的婚姻中。[41] 对于那些移民到英国结婚的女性来说,因为要依赖丈夫提供的"证明文件",所以更缺乏安全感。[42] 在英国,这一点特别重要。因为移民法中有一个"一年规则",意思是来英国与配偶团聚的女性在申请居留权之前,必须与配偶居住满一年。对于那些与家暴丈夫生活在一起的女性而言,这是毁灭性的打击。[43] 艾哈迈德、雷维和马宗达提请人们注意的关键一点是,南亚妇女面临着特殊的困难,她们的家庭中缺乏"性别共同体"。[44] 与大多数英国白人女性不同,南亚妇女面临的问题涉及多个层面,包括"私人"空间的公共特性(也就是说,她们生活在一个大家庭里,家庭的成员——包括婆婆——众多)。研究发现,"通常情况下,一些年长的女性家庭成员,比如母亲和婆婆,会相互勾结,动用权力,助长暴力"。[45]虽然中产阶级白人女性可以用"浪漫的爱情"和"个人权利"等说辞来捍卫自己摆脱婚姻的决定,但南亚女性往往不能这样做。对她们来说,尊重、顺从家庭中年长的成员(包括年长的女性)是至关重要的。

为婚内强奸豁免权辩护

那些为婚内强奸豁免权辩护的人,为了绕开性暴力这个问题,编出了各种理由。主要的说辞是"爱"。很难把"好男人"(比如曾经挚爱的伴侣)和"坏行为"(强迫发生性关系)联系在一起。许多评论者根本不相信,一个妻子会因为被迫与一个她曾经深爱的男人发生性关系而受到心理伤害。他们甚至会认为女性天生就是受虐狂。

在20世纪后期,支持丈夫强奸豁免权的理由大致可以分为4类:婚姻契约的本质,关于性别的社会准则,对家庭的保护,以及丈夫承担的风险。不可否认,概括和分类强调的是相似性。在不同的地区和不同的时代,这些理由之间存在着巨大的差异和微妙的区别,更不用说在微观文化层面上(比如宗教或少数民族文化)的差别了。受本章篇幅的限制,我无法展开详细论述。在此我提出的理由只能是,这4种分类起码是对婚姻世界中复杂残酷一面的一个简单总结。为了缓和这种忽视差异造成的风险,本节最后部分将简要介绍一下在加纳支持丈夫强奸豁免权的人提出的一些非常特别的理由。

为婚内强奸豁免权辩护的第一类理由集中在对"男人和妻子"

之间的婚姻性质的根深蒂固的信念上。这个短语本身已经说明了一切。它将"男人"定义为个体的人，而"妻子"是这个人的附属品。在以英国为源头的普通法体系中，人们认为女人的个体人格通过婚姻和丈夫的个体人格融为一体。在卢旺达有一句谚语"*Abagore ntibafite ubwoko*"，意思是"妻子不算一个人"。[46] 按照这个逻辑，男人不可能对自己的财产"实施暴力"：丈夫不可能强奸他的妻子，正如财产的所有者不可能偷自己的财产一样。

第二个理由诉诸的是婚姻中的性别角色。无论妻子的意愿如何，妻子都有义务服从丈夫的拥抱，丈夫也有权惩罚她。这是被社会广泛接受的观点。在2002—2003年对坦桑尼亚北部1835名妇女的调查中，97%的妇女认为与丈夫发生性关系是妻子的责任。[47]这大大降低了妻子举报丈夫强迫性交的可能性。这种性别角色观点的另一面就是，丈夫会"自然而然"地对不服从的妻子使用暴力。日本法院的情况就说明了这一点。尽管在日本《刑法》中，丈夫没有对妻子强奸的豁免权，但很少有人起诉婚内强奸。[48] 例如，1985年，东京都八王子市地方法院裁定，一名试图与丈夫离婚的妇女败诉。她离婚的理由是丈夫曾经使用暴力与她发生性关系。法院承认这名丈夫的行为"涉及一定程度的暴力"，但认为这种行为"在普通已婚夫妇吵架时使用的暴力范围之内，因此不予特别考虑"。判决甚至指责了这位妻子，称她如果能"稍微体谅一下被告，多和他讨论一下，并在一定程度上尝试解决他的性挫折，这些事情就不会发生了"。法院裁定，"责任在原告一方（妻子）"。[49]

对这种"性别角色"的进一步阐述，在曾经是殖民地的国家或者帝国性质的司法管辖区中经常见到。在这些地方，反对将婚内强奸定罪的人坚持认为，妻子和丈夫拥有各自的人格是殖民主义者的想法：是"西方"把他们的"文化"强加给"其他国家"的一种尝试。在印度有些人批评说，取消婚内强奸豁免权是在"走西方路线"。[50] 换句话说，女性对自己身体的权利是外来的文化。

与此相关的第三个理由是出于保护家庭的需要。用巴西的一句谚语说就是："*entre marido e mulher não se mete a colher*"（不要插手夫妻间的事）。[51] 取消婚内强奸豁免权会加剧家庭中的不和谐。在南澳大利亚州的辩论中，最大的反对声音来自"光之节"（Festival of Light）组织的成员——这个组织也反对同性恋和堕胎。用这个组织的主席大卫·菲利普斯（David Phillips）的话说就是，将婚内强奸定为犯罪将对家庭"造成毁灭性的打击"。而他的理由比较奇怪，他认为——

> 一个丈夫，如果他的妻子怀恨在心，一直毫无理由地拒绝与他性交，他可能会因为害怕报复而忽视妻子，转而寻求婚外情。刑事指控削弱了夫妻双方修复婚姻裂痕的决心，这是在往伤口上撒盐。[52]

菲利普斯的论点建立在这样一种观念之上：男性的欲望就像一个压力罐，不在这里"释放"，就会在别处"释放"。它也说明了人们为什么会错误地认为女性会在这个问题上撒谎。人们认为，妻子如果被激怒或者受到羞辱，会恶意地利用这条法律来惩罚施暴的丈夫。这样的妻子不仅"报复心强"，而且对丈夫的婚外通奸行为负有责任。

这也是墨西哥保守派政党——墨西哥国家行动党（Mexican Partido Acción Nacional）——的一位政治家担心的事情。他声称："她们这种要求太荒谬了！谁会相信婚内强奸这回事？这就好像在说，小心伺候好你的妻子，不然她可能会发火并起诉你！"[53] 在印度婚姻法改革的辩论中也可以听到类似的声音。2005年颁布的《保护妇女免受家庭暴力法》(Protection for Women from Domestic Violence Act) 是印度第一部将家庭暴力定为刑事犯罪的民事法律，反对者抨击这个法律会摧毁家庭，株连姻亲受罚。[54] 印度的不少法官指责反家暴条款是"毁灭家庭的工具，是名副其实的'法律恐怖主义'，比它原本要纠正的问题严重得多"。[55]

最后一个反对取消婚内强奸豁免权的理由认为，这么做之所以危险，是因为丈夫的性需求是无法抑制的。正如著名的英国法律学者格兰维尔·威廉姆斯（Glanville Williams）在20世纪90年代初所主张的那样，"我们谈论的是一种受本能强烈驱使的生物活性"。他承认，丈夫可能"偶尔会……在妻子拒绝他的时候，继续要求行使他认为属于自己的权利"。但他坚持认为这种行为不是性暴力。他说："与其说他的要求有问题，不如说他要求的时机和方式有问题。"对于在这种情况下使用暴力的丈夫而言，"强奸的污名对他们是太大的惩罚"。[56]

接下来我们看看加纳在这个问题上的辩论，从中可以看到，这4个基本理由（以及它们的变种）是如何展开的。加纳的妻子们面临的问题在阿玛·阿塔·艾杜（Ama Ata Aidoo）1991年出版的小说《变化：一段爱情故事》（*Changes: A Love Story*）中得到了很好的描述。小说中有一个场景是埃西被她的丈夫奥科强奸。在一个人们说着超过80种不同语言的国家里，艾杜认真反思了语言是如何影响加纳妇女对婚内强奸的理解的。她问道：

> 在阿肯语、伊戈语、约鲁巴语、沃拉夫语、滕内语、基库尤语、斯瓦希里语、修纳语、祖鲁语、科萨语中，你们是怎么表达婚内强奸的？有没有这种说法？没有。在这个社会的土著语言中，根本找不到一个单词或短语来形容这件事。[57]

如果土著语言中并没有一个词汇表示"婚内强奸"，那女人怎么可能谈论它？

在加纳，让妻子陷入困境的问题中，有一部分源于向娘家支付的巨额嫁妆。这助长了一种假设：妻子是丈夫"买来的"，因此他有权要求妻子完完全全地服从。[58]而妻子们常常内化了这种性别角色。一位加纳妇女解释说——

> 当他因为有需要而强迫与我发生性关系时，不能把这叫作强奸。首先，我必须问自己为什么嫁给他。如果我们没有结婚，我永远不会和他发生性关系，所以婚姻的主要目的就是性。

这位妇女还表达了对性传染病的担忧。她提到，她听说有些男人"早上一到办公室就和女助手发生性关系"。如果拒绝与丈夫发生性关系，她担心自己会"把他置于这种风险当中……最终，他会把艾滋病直接端到我面前，因为我拒绝了他，害得他染上了这种病"。[59] 这是加纳的妻子们尤其关注的问题。因为加纳的法律承认一夫多妻制，而且这种做法也可能使妻子染上性病。[60] 从根本上说，这就是把丈夫的行为归咎于妻子。

2007年，当加纳议会讨论是否允许起诉性暴力的丈夫时，政客们坚持认为，这意味着国家对婚姻的无理干涉。将婚内强奸定为刑事犯罪将会破坏"婚姻的神圣性"，并侵犯家庭的隐私。[61] 正如著名政治家爱德华·马哈马（Edward Mahama）所说的那样："如果我们谈论婚内强奸，就意味着我们要进入他人的卧室，而我们没有权利去那里……所以你不能在这类问题上立法。"[62] 这项法律也是"反加纳人的"。[63] 根据加纳东部地区一些酋长的说法，禁止婚内强奸可能适合"城市居民"，但在这个国家的其他地区，这其实是一种"外来文化的入侵"。[64]

在加纳，那些反对废除婚内强奸豁免权的人还是失败了。2007年，国家修改了法律，允许起诉实施性暴力的丈夫。然而，法律条款不一定会影响思想和行为。社会学家菲比马利·马克菲·阿多多－萨马尼（Phebemary Makafui Adodo-Samani）在2015年的一项研究中发现，只有3%的加纳已婚男性和18%的加纳已婚女性认为，婚姻中未经双方同意的性行为是强奸。[65] 阿多多－萨马尼从加纳妇女在社会中的弱势地位、婚内强奸的隐私性和"加纳的社会习俗"等角度解释了这一现象。[66] 尽管阿多多－萨马尼几乎是在指责加纳的"文化"问题，但她关于家庭问题的"隐私性"和女性地位的观点，指出了非常现实的问题。

推翻婚内强奸豁免权

虽然在本章我们花了相当多的篇幅列举了那些支持婚内强奸豁免权的观点，但反对婚内强奸豁免权的声音甚至可以追溯到19世纪中期。[67] 哪里有权力，哪里就有反抗。这句话来自法国人文学者米歇尔·福柯（Michel Foucault）1976年出版的《性经验史》（*Histoire de la sexualité*）一书，现在它已经成为福柯学派的战斗口号。它的意思是，反抗是权力关系中的固有属性。对丈夫强奸豁免权的反抗也是如此。

19世纪最具影响力的英国哲学家、功利主义者约翰·穆勒（John Stuart Mill）很早就对婚内强奸豁免权提出了反对意见。他驳斥了丈夫拥有妻子身体的说法。在1869年出版的《妇女的屈从地位》（*The Subjection of Women*）一书中，穆勒痛斥了妻子被迫与丈夫发生性行为的现象。他认为，这是将已婚妇女置于比女奴更糟糕的境地，因为即便是女奴也"有道德上的责任去拒绝主人的极端亲昵"（理论上如此，但现实中并非如此）。穆勒挑衅性地总结道，婚姻是"我们的法律中唯一的、实际的桎梏。除了每个家庭的女主人，已不存在其他合法的奴隶"。[68]

那个时期也能听到其他女性主义者公开反对丈夫性奴役妻子的声音。美国著名的女性主义活动家伊丽莎白·凯迪·斯坦顿（Elizabeth Cady Stanton）坚持认为，女性对自己身体的权利是在经济和政治上获得平等的第一步。正如1854年她在美国奥尔巴尼市妇女权利大会上所说的那样，婚姻契约"一旦签订，就意味着其中一方当事人在民事上当场死亡"。一旦结婚，女性就被剥夺了一切重要的东西：作为妻子，她"不能拥有任何东西，也不能出售任何东西。甚至连她自己的工资都不属于她；她这个人、她的时间、她的服务，都是别人的财产"。[69] 这意味着婚姻不过是"合法的卖淫"。

很多早期的女性主义者为了争取女性对自己身体的权利而斗争；这些人同样在废奴运动和支持计划生育方面也很活跃。这并非巧合。与穆勒一样，她们坚持认为，奴隶主对奴隶身体的家长式所有权，与丈夫对妻子身体的家长式所有权之间存在联系。斯坦顿和同为社会活动家的苏珊·B.安东尼（Susan B. Anthony）把被迫逃离家暴丈夫的已婚妇女称为"逃亡的妻子：她们从比种植园的奴隶制更糟糕的婚姻中逃出来，跑到印第安纳州和康涅狄格州这样的离婚工厂（divorce mills）*，就像当年奴隶们逃跑到加拿大一样"。[70] 当然，这样的比较并没有考虑到被奴役女性所遭受的极端虐待，但作为一种政治修辞，它是强有力的。这些女性主义者还不安地意识到，婚内强奸豁免权对许多女性而言，意味着必须生育。在缺少可靠的节育

---

* 指容易申请离婚的司法管辖区。

措施且产妇分娩死亡率很高的时代,尊重妇女说"不"的权利至关重要。由于离婚遭到禁止,婚内强奸不仅是公共卫生问题,对许多妇女来说,这也是一个生死攸关的问题。

19世纪50年代和60年代,穆勒、斯坦顿和安东尼等人呼吁,婚姻要建立在相互尊重和爱的基础上,但这些呼吁主要局限在女性主义者的圈子中。然而,到了19世纪70年代,改革者从更广泛的哲学和政治角度出发,开始恳求丈夫们改变他们在卧室中的行为。人们警告有暴力倾向的丈夫说,他们这样做会造成心悸,影响消化,并导致全身虚弱。[71]甚至那些婚内强迫发生性关系生下的孩子也会继承父亲的弱点,在出生前就被赋予了"好色的激情和病态的欲望"。[72]

在许多丈夫看来,这些观点很有说服力。这与19世纪末兴起的"男子汉气概崇拜"有关。[73]家庭被重新定义为一个让人放松的宁静之所,丈夫与妻子可以在家中友好相处。男性在家庭中的主导地位是毋庸置疑的,不过"现代"丈夫声称,他们至少乐于和妻子讨论性以及妻子的其他欲望。

不可否认,这种对夫妻关系的重新定义并没有改变丈夫是"一家之主"的基本假设,更不用说废除婚内强奸豁免权了。为了实现这些目标,无论是女性主义者的游说工作,还是妇女在政治和法律领域的积极参与和地位提高,都很有必要。这种趋势从20世纪70年代开始加速。女性主义者认为,不管有没有结婚,女人的身体只属于一个人:就是她自己。丈夫有权控制妻子身体的想法,只是父权制规则下的又一个例子罢了。这些观点是关于婚内强奸豁免权的更广泛争论中的一部分。女性主义者的注意力从婚内强奸的性行为转向了更根本的权力和支配方面的问题——这一运动为抨击丈夫对妻子的权威问题创造了空间。

女性主义者开展的研究同样揭示出这个问题的严重程度。其中颇受瞩目的是社会学家和社会活动家戴安娜·拉塞尔在 1987 年出版的里程碑式著作《婚内强奸》(*Rape in Marriage*)，该书采访了来自旧金山的 930 名妇女。在 644 名已婚或有过婚史的女性中，74% 的人表示曾被丈夫强迫发生过性行为，13% 的人指控遭受过伴侣的强奸或性虐待。拉塞尔指出，婚内强奸受害者受到的伤害与其他强奸受害者受到的伤害相似。主要的区别是，妻子们会额外遭受到背叛、不信任和孤独的感觉。[74] 还有许多研究表明，与那些为婚内强奸辩护的说法相反，妻子受到的身体伤害比其他强奸受害者受到的伤害更严重。[75] 另一项研究表明，超过一半的婚内强奸受害者遭受了严重的长期伤害，而陌生人强奸的受害者遭受长期伤害的比例只有 39%。[76] 婚内强奸是一种隐蔽的创伤性侵犯。

废除婚内强奸豁免权的第一步是让立法者相信，18 世纪关于婚姻关系的立法已经过时了。第二步是要像苏格兰法官亨利·尚克斯·基思（Henry Shanks Keith）1991 年在上议院辩论中指出的那样，证明法律"能够随着社会、经济和文化的发展而发展"。基思议员认为，黑尔的观点不应再成为现行法律的指南，因为与黑尔生活的时代相比，"妇女的地位，特别是已婚妇女的地位已经发生了天翻地覆的变化"。婚姻现在"是一种平等的伙伴关系，而不再是那种妻子必须是丈夫附属品的关系"。没有一个"通情达理的人"会相信，仅仅因为结婚，妻子就授予了丈夫"无可争辩的发生性关系许可权……在任何情况下，无论她的健康状况或她当时的感觉如何，她都必须同意"。[77] 经过艰苦的游说，苏格兰在1989年终于废除了婚内强奸豁免权；1992年，英国其他地区也废除了这一权利。

第四章 婚姻中的性暴力

★

这一章最开始,我们谈到了澳大利亚。澳大利亚的女性主义者试图让公众承认,丈夫强迫妻子发生性关系是犯罪行为;这些女性主义者尤其主张废除丈夫的婚内强奸豁免权。和其他试图将婚内强奸定罪的人一样,她们认识到,在法律上将这种行为定罪以及为妇女提供庇护所只是彻底改变夫妻关系的第一步。也许男女之间真正的平等,只有废除婚姻制度后才能做到。

这场社会运动总是充满着张力。其中之一就是人们认为,在这件事情的讨论中,性别倾向太明显。直到最近,改变夫妻关系的尝试都只关注在丈夫对妻子的威胁上。这一点如今已经受到了质疑。虽然在家庭暴力中存在着无可辩驳的性别差异,但一些妻子对丈夫实施性暴力的现象也是事实。男性维权组织歪曲了统计数据。他们不仅声称,实际的性暴力比统计的数据多,而且还以极端反女性主义的方式利用了这一歪曲的观点,进一步巩固了白人男性至高无上的地位。然而,我们无法忽视妻子实施性暴力的现象。这一事实在庇护所运动以及更广泛的女性主义运动内部造成了对立。2014年,当埃尔茜妇女庇护所被圣文森特·德·保罗协会(St Vincent de Paul Society)接管后,它宣布将继续为妇女和儿童提供服务,同时不接收家庭性暴力的男性受害者。[78]

另一种紧张关系与过度依赖刑事司法系统来改变人们的

行为有关。南澳大利亚州是第一个将婚内强奸定为刑事犯罪的普通法管辖区,但在这里很少出现这方面的诉讼,更不用说定罪了。对此,像彼得·邓肯这样的乐观主义者只是声称,司法改革的价值在于引导公众"在酒吧里,在电视前,在公共汽车上,在街边的熟食店,在夫妻之间,在妯娌之间,在工作场所的男性以及女性之间"对这个问题展开讨论。[79]

而在纳米比亚,这方面的改革成效显然不那么乐观。该国在 2000 年制定的《反强奸法》(Combating Rape Act)是世界上最进步的反强奸法之一。它远远不只将婚内强奸定为犯罪。它对强奸的定义很宽泛;它拒绝了英国殖民主义的普通法遗产,没有区分"真正"的强奸和其他形式的强奸;它没有区分"受害者"或"施暴者"的性别;它禁止提及受害者之前的性史;它不要求受害者证明强奸发生时,自己不同意发生性关系;它接受与其他罪行类似的证据规则。[80]然而,纳米比亚的强奸案并没有因此而减少,有些人甚至认为,这里的强奸案反而变得更多、更残忍了。

从自由女性主义(liberal feminism)的失败中得到的痛苦教训是,依靠法律并不能从根本上解决性别不平等和对妇女的压迫。尽管进行了所有这些改革,包括起诉犯有强奸罪的丈夫,建立庇护所,对警察开展教育,对陪审员进行提示,以及各种民事保护令,但在帮助遭受性暴力和性虐待的妻子方面,效果有限。我们将在本书的最后一章讨论这一困境。

第五章　母亲和恶魔

人们通常认为，女性是性暴力的受害对象，而不是性暴力的发起者。她们扮演的角色往往是"家庭里的天使""天真无邪的象征"以及孩子和群体的养育者。很多时候，研究性暴力的学者都支持这种观点。毕竟，有关性暴力的基础认知来自20世纪七八十年代女性主义者的激进观点，到现在依然如此。在这一认知传统中，最具代表性的思想家在强奸问题上维持了严格的二元性别划分法：从男性施暴者和女性受害者的角度来思考问题。他们认为，当男性在性行为上表现得侵略性太强时，我们所说的男性气质就会变得有毒了。哈佛大学法学院教授凯瑟琳·麦金农对这一主张提出了一个极端版本。她说，男人们希望——

> 女人被捆绑、被殴打、被折磨、被羞辱、被贬低、被玷污、被杀害。或者换个更委婉的说法，他们希望女人随时都能提供性服务，永远等着伺候他们，心甘情愿地任他们差遣，也许只需要一点点约束就行。

麦金农教授还说了句俏皮话："男性之所以想让女性倒伏下去，部分原因恐怕是想让自己挺立起来。"[1]

这样的花言巧语是错误的，也是危险的。对男性的严厉批评并不能帮助我们理解侵略性性行为的复杂性。这显然也无助于和男性开展建设性的对话。同样重要的是，它把女性永远置于受害者的地位：仅仅因为是女性，所以我们已经是并且总会是那个受伤的、被征服的人。正如社会批评家沙龙·马库斯（Sharon Marcus）敏锐观察到的那样,"在解释任何强奸案的时候,将男性施暴者和女性受害者作为最重要的假设",会使"强奸者和被强奸者的身份先于强奸本身而存在"。[2] 显然,我们需要用更有洞察力的方式来思考性别、自主性和屈从性。正因为如此,在本章中我们的基本前提就是,男性气质中不存在固有的暴力倾向,女性气质中也不存在固有的被动倾向。把男性气质和女性气质对应到生理上的男人身体和女人身体上,反映出我们对性别理解的局限性。这种理解方式应该换成哲学家朱迪斯·巴特勒和其他酷儿学者描绘的更精细的性别观。正如我们将要看到的那样,性暴力是性别驱使下的行为的产物,而这种行为是政治性的。

女性施暴者

对于女性在性方面给他人造成痛苦的事实,女性主义者再也无法视而不见了。当然,在讨论实施性暴力的女性时,我们有很实际的理由保持警惕。"第二波浪潮"的女性主义者注意到,在揭露男性对女孩、妇女实施性暴力时,他们的对手总会去寻找一些女性实施性暴力的例子。记者米歇尔·兰德斯伯格抱怨道:"如果媒体能够找到一个女性,和她的男性同行'一样坏',甚至'更坏',就会感到前所未有的开心和宽慰。"[3] 把公众的注意力转移到这些女性身上,可以有效地把对于最常见的施暴者(顺性别男性)的批评从政治领域剔除出去。

女性主义者更担心的是男性权利运动的兴起。那些支持男性权利的活动人士利用关于女性实施性虐待的扭曲的统计数据,推动激进的反女性主义议程。[4]不出所料,专门监控仇恨团体的南方贫困法律中心(Southern Poverty Law Center)将许多这类争取男性权利的团体列为煽动仇恨的组织。[5]一个头脑冷静的女性主义政治运动应该不会希望,原本就对女性和性少数群体不利的"正义天平",向更加不利于他们的方向倾斜。

然而,在这一章我要指出的是,对男性性暴力问题避重就轻,或者抛开政治谈论男性性暴力的做法是危险的,但刻意强调某种性别的性暴力伤害等级更高的做法则危险性更大。在任何女性主义的政治运动中,承认并减轻所有人的痛苦才是至关重要的事。看不见所有人、所有性别遭受的伤害,这样的女性主义在政治上是脆弱的、站不住脚的。

"反恐战争"

许多文献指出,在地缘政治中的南方国家里发生的那些类似内战性质的冲突中,女性实施性暴力的情况很多。我稍后会在本章中讨论这些冲突的情况。然而,我们必须注意到,有性暴力倾向的西方女性并不少见,但评论者经常把这些女性描绘成非典型的甚至是反常的人,认为她们只是个别现象,而不是性暴力文化中的一员。

在美国的"反恐战争"中,出现了很多女性实施性暴力的例子。2005年,由海军中将艾伯特·T.丘奇三世领导,针对古巴关塔那摩美军军事监狱进行了一次国防部(五角大楼)调查,揭露出一些女性审讯者使用和性有关的手段逼问情报的方式。一名审讯人员和"一名囚犯进行了不恰当的身体接触,她用手指抚摸囚犯的头发,并做出带有性暗示的评论和肢体动作,包括坐在囚犯的大腿上"。丘奇的报告指出,这并不是《军事法庭手册》(Manual for Courts-Martial)中定义的"猥亵性侵犯","因为审讯者实施该行为的目的不是为了满足自己的性欲"。结果,这名女性审讯者只受到了"书面警告"。丘奇提到了另一名女性审讯者,她用"红色荧光笔在囚犯的衬衫上涂上颜色",并告诉他,"这块红色污渍是月经血"。她受到了"口头训斥"。[6]在关塔那摩军事基地的翻译埃里克·萨尔(Erik Saar)目睹了这些做法。关塔那摩军事基地的囚犯代理律师克里斯汀·赫斯基指出,这些囚犯——

> 被迫在女狱警面前脱光衣服;有些人的私处被触摸和挤压;有些人为了换取优待,被迫提供了性服务;有些人受到强奸的威胁。我的一个委托人说,有个审讯者拿出一个避孕套,威胁说如果他"不合作",就在他身上用这个东西。[7]

女性审讯者会"把香烟吹到被审讯者的脸上,摩擦他的脖子,说他长得帅,用'下流话'谈论性,脱掉自己的衬衫"。[8]关塔那摩军事基地的另一名律师描述说,一名囚犯在描述一名女性审讯者的性挑逗时哭了起来。律师回忆说,他"真的很害怕",因为"他害怕她会强奸他"。[9]正如一名官员所承认的那样,在关塔那摩军事基地这种地方,优秀的审讯者会"主动出击,而且带着点创造性"。[10]

公众对于在关塔那摩军事基地和阿富汗使用这种审讯策略的愤怒很快就平息了，与之不同的是，发生在伊拉克性虐待的照片曝光后却引起了巨大的骚动。这些照片是 2004 年 1 月 13 日，由驻扎在巴格达阿布格莱布监狱的宪兵约瑟夫·达比下士交给军队刑事调查部门的。2004 年 4 月 28 日，哥伦比亚广播公司《新闻 60 分》节目曝光了这一丑闻。记者西摩·赫什的文章也于当年 4 月至 5 月在《纽约客》(New Yorker) 杂志上陆续发表。

大多数性暴力实施者都是男性看守和士兵，而非女性。他们用警棍和荧光管对他们进行性侵，要求他们在公共场合脱光衣服，把女性的内衣套在他们头上，强迫父子之间发生性行为。在很多虐待行为中，憎恶同性恋的因素昭然若揭，他们的目的是将男性囚犯变为极度惊恐的、被种族化的"女性"。

而美国男性看守在伊拉克各地的拘留中心对女性囚犯的性羞辱、强奸和致使其怀孕事件则较少遭到曝光。2003 年 12 月，一位被称为"努尔"的女性囚犯从阿布格莱布监狱偷偷传出一张纸条，向伊拉克律师阿迈勒·卡德姆·斯瓦迪诉说遭到强奸的事情。"努尔"恳求伊拉克抵抗组织轰炸监狱，以免她们再受羞辱。[11] 据说，一些遭到虐待的囚犯自杀了，还有一些人在释放后被家人"荣誉杀害"(honor killing)。

这些男性施暴者的行为受到了谴责。但许多评论者认为，这些性暴力不过是男性气质发挥到极致的体现。相反，公众的惊恐集中在美国白人女性实施性虐待的照片上。二等兵林迪·英格兰、二等兵梅根·安布尔和萨布丽娜·哈曼下士的照片在女性主义者组织中引起轩然大波。2004年，在题为"女性主义的假设被颠覆"的议会法案讨论中，著名政治活动家和专栏作家芭芭拉·艾伦瑞克（Barbara Ehrenreich）承认，她在看到阿布格莱布监狱的照片后的反应表明，她仍然"对女性抱有一丝不切实际的幻想"。尽管她从来不认为女性"天生比男性温柔，天生不如男性好斗"，但她抱有一种不同的"女性主义幼稚病"，即假设男性"永远是施暴者"，而女性"永远是受害者"。用艾伦瑞克的话来说就是，许多女性主义者认为，男性对女性的性暴力是——

> 所有不公正的来源。强奸一再成为战争的工具。在一些女性主义者看来，战争似乎是强奸的延伸。似乎有一些证据表明，男性的性暴力至少与我们这个物种悲剧性的暴力倾向有关。这是在我们看到女性的性暴力之前的想法。

阿布格莱布监狱的照片，摧毁了她认为女性在道德上优于男性的信念。[12]

艾伦瑞克的担忧在于，学术界和其他评论人士不愿正视美国军队中女性的性暴力问题。[13] 女性主义学者把注意力集中在不允许女性担任战斗角色的不公正现象上，集中在女性军人晋升时遇到的障碍上，集中在军队中普遍存在的对女兵的性骚扰和强奸上。这些关切和担忧阻碍了人们承认，军队中的女性同样存在对他人实施性暴力的现象，而她们的施暴对象同样包括全世界的女孩和妇女。

相比之下，这些发生在伊拉克境内虐待行为的视觉证据不容忽视；显然，战争中的女性气质也包括性暴力。正如哲学家邦妮·曼（Bonnie Mann）所说的那样，在日益平民化的军队中，"美国女性似乎被赋予了男性器官"，并"受到邀请，与男性一起展现军事化的男性审美"。

不过，这并不意味着女性实施的性暴力与男性的相同。性暴力是有性别之分的。在伊拉克、阿富汗和古巴的美国军事基地中，男性看守的性暴力往往是公开的、残酷的性暴力；女性的性暴力则是跳半裸舞、涂抹假月经血等。女性的性征变成了她们的武器。

重要的是，这些都是故意的、以性别做武器的策略。2005年的《丘奇报告》承认，女性审讯者在关塔那摩军事基地实施的性虐待引爆了"有关文化和宗教敏感性的话题"。[14]在参加"反恐战争"之前，美国的军事人员都接受过培训，了解过这些"文化差异"。记者菲利普·古雷维奇和埃罗尔·莫里斯解释说，通过这些培训，军事人员知道阿拉伯男人在性方面拘守礼仪，不愿意在公共场合裸体，特别是不愿意被女人看到。那么，要想摧毁一个阿拉伯人的意志，还有什么比剥去他的衣服，把他绑起来，让女人嘲笑他更好的办法呢？[15]古雷维奇和莫里斯认为，实施性虐待的女性"并不想把囚犯捆成很难受的姿势或者以某种方式制服他们"。她们只是想来到现场，让囚犯一看到她们就感到非常痛苦。[16]查尔斯·格兰纳下士是性虐待事件的主要发起者。他承认，让女性审讯者来到现场"只是为了让他们知道——瞧，这里有一个女人，知道吗？她正看着你"。[17]二等兵英格兰对此表示赞同。她指出："他们想要的效果就是让女性到场，这样被审讯者就知道，他们受到了羞辱，有女人看到了他们的裸体。"[18] 阿布格莱布监狱的囚犯齐亚·阿施韦利非常清楚这一点。他说，那些性虐待行为，包括美国女性实施的性虐待行为，都是为了"羞辱我们，粉碎我们的尊严"。他反复说"我们是男人"，还说——

> 他们可以殴打我，没关系。殴打伤害不了我们，因为那只是殴打而已。但是没人希望自己的男子气概遭到损毁……他们想让我们觉得自己像个女人，产生女人的那种感觉。这是最残酷的侮辱，让你感觉自己像个女人。[19]

美军中的女性军事人员通过这种方式，强迫敌人接受西方的、异性恋霸权的性"自由"以及白人和种族主义的特权，女性化了这些人。这是穆斯林神职人员谢赫·穆罕默德·巴希尔（Sheik Mohammed Bashir）在谈及美国军事人员肆意宣泄其"强奸的自由、裸体的自由和羞辱的自由"时，直言不讳指出的观点。[20]

来自艺术的回应

自 2004 年以来，在报纸、文集和学术书籍上出现了大量分析文章，试图理解像英格兰、安布尔和哈曼这样的"普通"美国女性为什么会对伊拉克的男性囚犯实施性虐待。[21] 对于"反恐战争"期间，美军女性在阿富汗、关塔那摩军事基地和其他地方实施的性虐待问题的探讨，已经有了一些学术成果。

不过，一些最有洞察力的见解却来源于艺术。在 2005 年纽约"表演艺术双年展"（Performa05，这是美国第一届视觉艺术展，两年举办一次）上，行为艺术家可可·富斯科（Coco Fusco）展示了一个舞台艺术作品，该作品后来改编成一部舞台剧，名为《一间自己的房间：新美国的女性和力量》(*A Room of One's Own: Women and Power in the New America*)。这是对美国妇女在军队中实施性暴力的深刻反思。

表演在一个舞台上进行。舞台上有一个讲台，一侧有一面美国国旗和两块屏幕。一块屏幕上展示了一份演示文稿，上面有标语、图表、照片和图纸；另一块屏幕上模拟审讯室里的监控录像，画面中是一名身穿橙色囚服的男性囚犯。表演主要是由富斯科中士（由拉丁裔艺术家可可·富斯科扮演）向一屋子的军方和政府官员发表演讲。在演讲期间，她会时不时地离开舞台，用含混不清的阿拉伯语对着监控录像上吓坏了的囚犯大声地发号施令。富斯科中士一开始是这样说的——

> 女士们先生们，伟大的英国作家弗吉尼亚·吴尔夫（Virginia Woolf）曾经说过，每个女人都应该有一间属于自己的房间，这样才能展示她的长处……新千年伊始，美国女性终于有了她们需要的东西，可以大展身手了。"反恐战争"为这个国家的女性提供了前所未有的机会。[22]

当然，她指的是吴尔夫于 1929 年发表的经典文章《一间自己的房间》(*A Room of One's Own*)。在这篇文章中,吴尔夫认为,要在一个由男性主导的世界中取得成功,女性需要钱以及一间属于她们自己的、让她们可以真正发挥创造力的房间。在富斯科那种布莱希特式(Brechtian)*的表演中,美国女性拥有了一间自己的房间。但那是一间审讯室。

在监狱的牢房里,女性审讯者可以表现出可可·富斯科所谓的"战术创造性"。女性可以利用恐怖分子"扭曲的文化观念"来恐吓囚犯,而不用诉诸身体上的折磨。富斯科中士借鉴了人类学家拉斐尔·帕泰(Raphael Patai)1973年的著作《阿拉伯人的思想》(*The Arab Mind*)。在入侵伊拉克之前,支持战争的华盛顿保守派对这本带有种族主义色彩的书展开了广泛的讨论。[23] 帕泰认为"阿拉伯文化"压抑了性欲,认为"阿拉伯人最大的弱点是他们的羞耻感"。因此,从性上折磨他们是一种特别有效的审讯武器。[24] 这本书后来成为"新保守主义者了解阿拉伯人行为方式的圣经"。[25]

在富斯科的表演中,她采用的性虐待手段和美军妇女在"反恐战争"期间在拘留中心里使用的手段一样:强迫囚犯在她们面前脱光衣服,坐在囚犯的大腿上,把(假的)月经血涂在他们脸上。富斯科中士坚持认为,"即使是一个顽固不化的伊斯兰恐怖分子,当他看到一个20多岁身材曼妙的西方女子对他搔首弄姿,用淫荡的话语

---

* 布莱希特演剧方法推崇"间离方法",又称"陌生化方法"。这是布莱希特提出的一个新的美学概念,又是一种新的演剧理论和方法。就表演方法而言,"间离方法"要求演员与角色保持一定的距离,不要把二者融合为一。演员要高于角色、驾驭角色、表演角色。

和手势挑逗他时,也会放弃抵抗"。[26]在富斯科中士的演讲中,有一段会在幻灯片屏幕上出现一些穿着长袍的女性和一些不戴面纱的女性的照片。富斯科中士借这些画面告诉观众,"我们把民主带到阿富汗的一项主要目标就是解放阿富汗妇女"。[27]这实际上是在调侃女性主义评论家加亚特里·查克拉沃蒂·斯皮瓦克(Gayatri Chakravorty Spivak)那句著名的俏皮话——"白人男性从棕色男性手中拯救了棕色女性"。现在是,发达国家的白人女性军事人员,通过对"棕色男性"的性虐待,"解放"了发展中国家的"棕色女性"。富斯科中士称,"女性审讯者采用的这些策略,代表女性这个整体实现了巨大的飞跃"。[28]

可可·富斯科的表演对"平等女性主义"(equality feminism)的潜在影响提出了严正警告:这样的"平等女性主义"赋予女性平等的权利,她们可以对任何被政府认定为"敌人"的组织成员施行性虐待、折磨和杀戮。富斯科希望以此激励女性主义者反思她们在世界其他地方与人共谋、对人实施暴力的行为。

全球范围内的女性施暴者

《一间自己的房间:新美国的女性和力量》把人们的注意力集中到三个观点上:并不只有男性会实施性暴力;施暴者和受害者的身份并不是按照性别严格区分的;背景环境至关重要。在分析全球范围内的女性施暴者时,这三个观点成为争论的焦点。

在战争的背景下,会出现很多女性实施性暴力,这并非巧合。

武装冲突和性暴力总是相互关联的，会诱使女性军事人员和男性同僚一样，做出她们原本可能十分憎恶的行为。虽然严格来说，海地不是"战区"，但海地部分地区的社会混乱程度之高，堪比武装暴乱时期。武装犯罪团伙和准军事部队中的女性成员实施的性暴力，也堪比内战时期。[29] 在海地和其他地方，实施性暴力的女性通常与男性首领一起行动。这并不奇怪，因为在大多数武装冲突中，占据权力地位并允许女性发号施令和实施性暴力的是男性。（大多数）女性在军事组织中的从属地位意味着她们主动实施性暴力的机会不多。当然也有例外，比如2010—2011年科特迪瓦的西蒙·巴博（后面会谈到）、英迪拉·瓦班亚科·卡梅里克和比利亚娜·普拉夫希奇。卡梅里克是一个妇女拘留营的指挥官，这个拘留营设在波斯尼亚布罗德市的波莱体育场（Polet Sports Stadium）中。目击证人说，她曾经"把妇女带到前线，让那里的无数士兵整夜强奸她们"。[30] 普拉夫希奇是波黑塞族共和国的前代理总统。在前南斯拉夫国际刑事法庭上，她承认犯有危害人类罪。普拉夫希奇还被指控，对兹沃尔尼克拘留中心（经济农场）和切洛佩克拘留营中的性暴力事件负有责任。她被判处11年监禁。[31] 然而，有些人在谈到普拉夫希奇的暴行时经常轻描淡写，说她只是天真地卷入了一场"男人的游戏"，被人利用了。[32]

关于女性实施的性暴力事件中，一些最广为人知的案例发生在利比里亚等非洲国家。在利比里亚内战期间，一些妇女使用物品强奸其他妇女，并毁伤男女囚犯的生殖器。[33] 不过，在所有这些案例中，人们最关注的是1994年在卢旺达种族灭绝事件期间女性实施的性暴力事件。人们在广播中就能听到胡图族妇女在米尔斯·科林斯电台上大肆煽动强奸和谋杀图西族卢旺达人。[34]这些胡图族妇女性虐待图西族的男孩。[35]她们还引诱其他妇女来到便于实施侵犯的地方，让这些妇女按住受害者，参与强奸。她们甚至会在妇女被奸杀时唱歌。[36]法律学者妮科尔·霍格（Nicole Hogg）采访了71名因参与种族灭绝行动而被拘留的卢旺达妇女，发现其中一半的人杀过人，27%的人曾经把图西族的藏身之处告诉凶手，或者"把某人交给"凶手。[37]噶卡卡法院（社区法院）审判了大约200万名嫌疑人，其中10%是妇女。[38]一名涉嫌犯有种族灭绝罪的妇女向霍格承认，女性通过"拒绝藏匿图西族人"和"协助凶手"的方式参与了种族灭绝行动。她们给凶手做饭，甚至给设置路障的人送饭。[39]这些女性承担了这些任务，在性虐待图西族女性这件事上，她们（至少）是帮凶，实际上也常积极参与到强奸行为当中。显然，对这些好勇斗狠的女性来说，胡图族的民族主义压倒了性别身份。

刚果民主共和国在武装冲突中也出现了类似的情况。根据一项调查，在遭到马伊-马伊民兵（Mai-Mai，社区性质的武装团体）性暴力侵犯的幸存者中，有17%声称施暴者是女性。[40]在南、北基伍省和伊图里省进行的另一项调查显示，41%的女性受害者和10%的男性受害者遭到的是女性的性侵犯。[41]

即使不把女性施暴者的责任全部撇干净，上述这种观点也是站不住脚的。重要的是，这样的观点试图剥夺女性施暴者所有的自主权：在这样的叙事中，女性只是一枚棋子，要么属于更有权势的男性，要么属于一个没有特定人格的"父权制"的军队。就连手握大权的女性军人也可以借此逃脱责任。例如，贾妮斯·卡尔平斯基准将是伊拉克所有 16 个拘留营的指挥官。尽管她是阿布格莱布监狱的监狱长，而且她的领导能力欠缺无疑助长了虐待行为，但在丑闻曝光后，她拒绝承认对虐待行为负有责任。卡尔平斯基在她的回忆录《一支女人的军队》(One Woman's Army) 中，声称虐待丑闻并不是自己的过失，理由是她作为一名预备役军人以及一名女性，被人当成了替罪羊。

受限的自主性

让公众将注意力集中在女性日常生活中遭遇的种种不平等现象上，这么做的政治效果是将女性在实施性暴力方面的责任降到了最低。当女性施暴者本身就是性暴力的受害者时，这样的观点就会变得更强烈。最明显的例子就是因绑架、胁迫或以其他方式被迫加入塞拉利昂革命联合阵线和乌干达北部的圣灵抵抗军（Lord's Resistance Army）的那些女孩和妇女们。她们都遭受了自己同志残酷的性暴力。在加入这些组织后，几乎所有的女性"新兵"都会立即被轮奸，被"剥夺童贞"。[42] 她们被迫接受"丛林婚姻"，大约一半的人随后生了孩子。[43] 这切断了她们与以前生活的联系，使逃跑变得更加困难。

然而，新兵也要参与杀害、残害和强奸他人；任何不情愿或痛苦的迹象都可能导致她们被轮奸或者被杀害。[44]科恩甚至认为，不论是针对自己群体还是针对敌对群体的性暴力，都是松散的武装集团形成凝聚力的有力手段。[45]一些女兵充满热情地加入对其他女性的性暴力当中，希望自己的合作可以让身边的男性战友不会对她们自己进行类似的侮辱。[46]无论她们的动机是什么，她们都被迫在一个并非自己创造的条件下，运用自己的自主性，寻求合适的策略，在复杂的社会和军事环境中生存下去。这包括与其他一起被俘的人员、指挥官、"丛林丈夫"和男朋友沟通磋商，以及与非政府组织、医疗专业人员和维和人员建立战略联盟等。

对于这些女性之前成长的社区而言，如何让这些既是受害者又是施暴者的人回归正常生活，是摆在他们面前的一道大难题。家人和当地居民对她们的返回常常怀有敌意。这并不奇怪，因为这些女性作为士兵犯下了许多恐怖的罪行，经常还是针对自己社区的成员；此外，她们还打破了很多禁忌，包括婚前性行为和未婚先孕等。[47]这些女性不可能再结婚。她们被社会抛弃了。

非政府组织和帮助她们回归社会的团体都有政策，刻意不去披露这样一个事实：大部分遭受强奸和其他暴行的受害者同样是这类暴行的施暴者。对于那些寻求帮助的女性，这些机构有强烈的动机去强调这些人"受害者"的身份。人权活动人士、慈善机构和其他西方慈善家希望帮助的都是那些明确受到伤害的个人，越"无辜"越好。因此，他们主要关注的是遭到强奸的儿童、未婚女孩、妇女、孕妇、老人，以及强奸后出生的婴儿。人们认为这些人对任何暴行都"没有责任"。但这种观点是有问题的，因为它否认了这些人共谋的可能，同时也让人们无法去讨论受害者是否可能对他们遭受的侵犯负有责任。西方干涉主义组织采取这种立场是有实际理由的。捐助者对那些帮助强奸受害者的项目很热心，但他们不愿意捐助那些不仅是强奸受害者，而且也是强奸施暴者的女性，更不愿意捐助战斗人员和"丛林丈夫"的情人。[48] 即使是乌干达和塞拉利昂这种支持 DDR 模式——"解除武装（Disarmament）、遣散人员（Demobilization）和重回社会（Reintegration）"——的政府，也拒绝接受"受害者"之外的范式。他们经常假设，在这些民兵武装中的女性成员是武装冲突的受害者，而不是"士兵"；尽管在塞拉利昂，在这样的武装中，10% 至 50% 的战斗人员是女性。[49]

对于那些希望承认女性既是性暴力的受害者，又是性暴力的施暴者的评论者来说，自主性和屈从性之间的二分法本身也是有问题的。在许多武装冲突中，诉诸西方新自由主义的"选择"论调毫无意义：说这些女性面临选择，是强奸、残害或谋杀其他女性，还是被强奸、被残害或被谋杀，其实没有任何意义。受害者可能加入压迫者的队伍，以换取特权或基本生存。她们的"选择"其实极其有限。

这就是普里莫·列维（Primo Levi）所说的"灰色地带"。列维对大屠杀进行了全面的反思，当他看到某些囚犯参与到了暴行当中时，他观察到，压迫者也需要帮手——而且这些压迫者认识到，迫使这些帮手服从的最好方法是"让他们背上罪责，双手沾上鲜血，尽可能地逼迫他们妥协，从而建立起一种共谋的纽带，使他们再也无法回头"。[50] 列维说："我认为没有人有权评判他们，那些在集中营待过的人没有，没待过的人就更没有了。"[51] 哲学家克劳迪娅·卡德（Claudia Card）详细阐述了这个观点。她指出，在"压迫严重和持久的地方"就会发展出"灰色地带"。这里"居住着受到邪恶伤害的受害者们。他们作为同谋，把威胁要吞噬自己的邪恶强加到别人头上"。[52] 她指出，"压迫性的社会结构……无法培养出良好的品德"。[53] 她还警告说，反抗是有可能的，但"外人很少有资格（如果有的话）判断什么时候该去反抗"。[54]

这并不是要否认在困境中也可能争取保持良善。一个人仍然有自主性，只是空间非常小。许多陷入武装冲突中的女孩、妇女和其他少数群体不顾极端的风险，做出非同寻常的决定，为易受伤害的群体提供保护，足以证明采取道德行动的可能性。自主性和屈从性之间非此即彼的二分法无法公正地反映人类生活的复杂性。

宝莲·尼拉马苏胡科

试图理解那些实施性暴力的女性是非常困难的，因为这里面存在许多矛盾。最大的问题是人们普遍认为，暴力违背了她们性别中的"天然属性"。2007年，国际关系学者劳拉·舍伯格（Laura Sjoberg）和卡伦·E. 金特里（Caron E. Gentry）出版了《母亲、恶魔、妓女：全球政治中的女性暴力》（*Mothers, Monsters, Whores: Women's Violence in Global Politics*）一书，并在2013年和2015年以修订版的形式再次出版。[55] 这两位学者认为，有暴力倾向的女性已经根据三种身份被概念化了，这三种身份就是母亲、恶魔或妓女。从母性出发，女性的暴力源于"一种归属的需要，一种养育的需要，一种照顾男人并忠于男人的方式"。这时的暴力是母性"误入歧途"的结果。相比之下，认为有暴力倾向的女性是"恶魔"的评论者说，这些女性是非理性的，甚至是疯狂的，她们不能对自己的行为完全负责。她们几乎算不上人类。而"妓女"的说法是将女性的邪恶归于她们变态的性行为。[56]

在谈到性暴力时，这三种关于女性施暴者的概念化叙事，我们都能听得到，而且往往同时听到。有趣的是，这三种模式以一种彼此矛盾的方式出现——既能解释女性的暴力，又能否认女性的暴力。一个著名的例子是对宝莲·尼拉马苏胡科（Pauline Nyiramasuhuko）的评论，她是20世纪90年代在性暴力方面受到最大抨击的女性施暴者。尼拉马苏胡科出生在卢旺达布塔雷省的一个自给自足的农民家庭，但她通过自己的努力成了一名社会工作者，并在卢旺达各地讲授女性赋权问题。在她被任命为让·坎班达总理组织的临时政府的家庭和妇女事务部部长后，她的事业达到了巅峰。当地社区为她的成就感到骄傲，称她为"布塔雷的宠儿"。

然而，尼拉马苏胡科的成就却因她参与卢旺达种族灭绝事件而蒙上了阴影。她命令士兵和胡图族联攻派民兵（Interahamwe）在她的家乡包围了数千名图西族儿童、男人和女人，对他们进行性侵、强奸、虐待和杀戮。[57] 她身着军装，告诉联攻派民兵："对这些妇女，要先奸后杀。"[58] 她对性暴力的煽动并非偶然为之的恐怖手段，而是一项深思熟虑的政策。尼拉马苏胡科是卢旺达政府种族灭绝事件中的核心人物。正如前总理坎班达在卢旺达国际刑事法庭受审时所证实的那样，尼拉马苏胡科是他"核心团队"的 5 名成员之一，正是他们策划并下令进行种族灭绝的。[59] 一名在暴行中幸存下来的妇女说出了大规模强奸中种族灭绝的目的。她——

> 记得最清楚的是两件事：我记得他们用香蕉树上的雄蕊侵犯我，严重损伤了我的身体；我记得其中一个男人说的一句话，"我们要杀死所有的图西族人。以后，胡图族的孩子根本不会知道图西族的孩子长什么样"。[60]

2001 年 6 月，尼拉马苏胡科被指控犯有种族灭绝罪，这引起了国际社会的极大关注。和她一起站在审判席上的是她的儿子阿尔塞纳·沙洛姆·恩塔霍巴里（他是一名学生，在伊胡利罗酒店兼职做酒店经理，也是当地联攻派民兵组织的指挥官），以及西尔万·恩萨比马纳、阿方斯·恩泰齐里亚约、约瑟夫·坎亚巴希和埃利·恩达扬巴杰。这场审判后来被称为"布塔雷审判"，因为大多数被告都曾在这个省担任官职达 10 年。将近 200 名证人提供了证据，庭审笔录长达 12.5 万多页。[61] 不同寻常的是，检察官团队中有 5 名女性。[62]

2011 年 6 月 24 日，尼拉马苏胡科被判犯有共谋实施种族灭绝罪、危害人类罪（包括消灭、强奸、迫害他人）以及战争罪（暴力侵犯人的生命、健康和身体或精神福祉）。[63] 她成为第一个在国际法庭上因种族灭绝罪和反人类罪被起诉和定罪的妇女。但需要注意的是，在本地的噶卡卡法院（传统法院）中，有1.2万名至2万名妇女因种族灭绝等相关罪行被起诉。[64] 尼拉马苏胡科被判处终身监禁。

尽管男性政府官员和军事人员煽动男性士兵进行强奸的事情极为常见，但报道卢旺达审判的记者对尼拉马苏胡科这样的女性被告很感兴趣。他们对待女性被告的态度和对待男性被告的态度也非常不同。尤其是，他们特别关注尼拉马苏胡科的外表。唐娜·哈曼（Donna Harman）在《基督教科学箴言报》（Christian Science Monitor）上的文章开头写道，尼拉马苏胡科"看起来更像是某人可爱的曾祖母，而不是她被指控的'1994年卢旺达种族灭绝事件的高级组织者'，不是那个'授权强奸和谋杀了无数男人和女人'的人"。哈曼注意到尼拉马苏胡科"头发梳得整整齐齐，厚重的眼镜放在桌子上"。她"有一天穿着一件绿色的花裙子，第二天穿着一件熨烫过的米色裙子和衬衫"，一边"镇定地听着对她的一连串指责，一边调整她那条漂亮裙子上的一个垫肩，并在纸上记下了什么"。[65] 相比之下，记者认为没有必要对受审男子的服装和外观进行详细描写。

尼拉马苏胡科的儿子（阿尔塞纳·沙洛姆·恩塔霍巴里）也因参与大规模强奸和谋杀而与她一同受审；这件事同样吸引了记者们的注意。然而，母子一起受审和父子一起受审不同。法律学者马克·A. 德波（Mark A. Drumbl）观察到，在2003年对牧师伊利扎班·恩塔基鲁迪马纳（Elizaphan Ntakirutimana）和他的儿子热拉尔（Gérard）的种族灭绝罪的审判中，这两个人被人称为"牧师和他的儿子"。相比之下，在尼拉马苏胡科的案子里，人们称他们为"母亲和她的儿子"，而不是"部长和她的儿子"。[66] 在人们的普遍认识里，对于身处高位的男性被告，他的官职和罪行相关；而对于女性，相关的只有母亲的身份。

对于女性施暴者的报道方式之所以不同，是因为人们在对性暴力的理解中掺杂了性别因素。新闻记者、法律人员和政治评论员一次又一次地回到同一个问题：一个女人怎么会犯下这样的罪行？在本章的最后，我将指出，这本身就是一个错误的问题。原因在于，它本质化了女性气质和男性气质，而且错误地理解了性别的含义。然而，对性暴力女性的女性身份的关注可能是不可避免的，因为人们总是以二元对立的方式看待性别。男人主动，女人被动。具有攻击性的女人是不正常的：她们"像个男人"。

理解这一点，也有助于理解为什么评论者经常把注意力集中到军事组织的影响上来，因为这里体现的是强烈的男性气质。所以，女性军事成员必须采取或假装采取比男性成员更具攻击性的行为，哪怕只是为了让人们看到她们在军事上的能力。换句话说，就像阿布格莱布监狱的女性施暴者一样，尼拉马苏胡科之所以对他人实施性折磨，是为了在政府中维护自己女强人的形象。再加上她有一个隐藏多年的秘密，越发加剧了她的这一行为：她的曾祖父是图西族人，也就是说，按照她的父系来论，她也是图西族人。尼拉马苏胡科的妹妹维内兰达说："宝莲害怕被政府发现。在政府中，她周围都是男人。她有钱有势。她不想失去这些。"[67]

还有一些评论者强调了性别二分法中的另一方面：有性暴力倾向的女性并没有试图"成为男人"，她们是按照女性应有的方式在行事。在尼拉马苏胡科的例子中，她煽动对图西族妇女的性暴力是基于女性喜欢争风吃醋的假设。忌妒是女性气质中的小瑕疵。例如，卢旺达国际刑事法庭调查员马克斯韦尔·恩科莱（Maxwell Nkole）就认为，尼拉马苏胡科——

> 受到了宣传的蛊惑，特别是那些造成妇女之间分裂的宣传的蛊惑。传说中美丽而傲慢的图西族妇女引起了胡图族妇女的忌妒和自卑。这似乎体现在她对待图西族妇女的方式上。[68]

这些所谓女性"天生"的性格特征和人们对母性的传统观念有关。许多评论者都注意到尼拉马苏胡科是 4 个孩子的母亲，而且已经做了祖母。居住在加拿大的卢旺达记者尚塔尔·穆达霍戈拉对母性的重要性言之凿凿。她坚持认为，关注尼拉马苏胡科的母亲角色是恰当的，这"不仅因为她被指控积极参与种族灭绝行动，以及她在政府中的重要地位"，还因为她作为母亲，需要符合一系列的"社会标准和期望"。[69]

然而，这种对母亲身份的强调是自相矛盾的。它既可以用来证明她不可能实施性暴力犯罪，[70] 也可以用来证明，她之所以下令强奸和谋杀，正是因为她特别可恶。[71] 换句话说，有性暴力倾向的女性既是母亲，又是恶魔。尼拉马苏胡科和她的支持者采用第一种母性叙事为自己辩护。她用自己的母亲身份来证明自己，根据这样的定义,她不可能做出残暴的行为。她告诉英国广播公司的记者:"我得和那个说我可能杀过人的人谈谈。我连一只鸡都杀不了。如果有人说一个女人、一个母亲会杀人,我会和他当面对质。"[72] 尼拉马苏胡科的丈夫莫里斯·恩塔霍巴里和她的母亲都支持她的说法。恩塔霍巴里告诉《纽约时报》(*New York Times*)的一名记者,尼拉马苏胡科"致力于促进男女平等。从文化上讲,一个卢旺达妇女不可能让她的儿子强奸其他妇女。这种事根本不可能发生"。[73] 尼拉马苏胡科的母亲也认同这一点,坚持认为"她不可能做这些事情,不可想象。她绝不会命令别人去强奸和杀人。毕竟,宝莲是一位母亲"。[74]

而反对者持相反的观点。根据事实,实施了残酷暴行的母亲就是变态的母亲,甚至是病态的虐待狂,这还不明显吗?法庭文件称尼拉马苏胡科是一个"毫无底线的、邪恶的虐待狂"。[75] 卢旺达农村妇女发展研究所全国协调委员会(National Co-ordinator of Réseau des Femmes)的协调员朱迪思·金久泽(Judithe Kanakuze)甚至怀疑她到底是不是一个女人。她总是说:"她的行为像个男人。"[76] 这一观点得到了卢旺达律师文森特·卡兰古拉的支持。当卡兰古拉接受法律顾问妮科尔·霍格的采访时,他断言,女性种族灭绝嫌疑人是"邪恶的"。他指出,许多人认为——

> 女性天生就是善良的,她们天生好客、热情、温和,不会犯下残酷的暴行。因此,那些真正犯下这些暴行的女性,也就是那些有暴力倾向的或者暴力程度超出预期的女性,那些不能被解释成无辜

的女性，人们是理解不了的。人们既不把她们看成男人，也不把她们看成女人，而是看成恶魔。[77]

既然真正的女人和母亲不可能犯下如此的罪行，所以她们不是真正的人。

这些理解武装冲突中实施性暴力犯罪的女性的方法，并不是在尼拉马苏胡科的案件中独有的。在西蒙·巴博的案件中，也出现了类似的情况。西蒙·巴博受到国际刑事法庭的指控，指控她2010—2011年在科特迪瓦犯下了反人类罪。指控中包括强奸和其他形式的性暴力，迫害和谋杀她丈夫在总统大选中竞争对手的支持者。[78]她下令暴力镇压竞争对手，并协调支持巴博的部队实施犯罪。[79]虽然西蒙·巴博的暴行经常被归于她丈夫的名下（她是在支持她的丈夫，就像每一位"好妻子"会做的那样），[80]但她也被描绘成恶魔。她是科特迪瓦的"血腥夫人"。[81]在对二等兵林迪·英格兰所犯暴行的解释中，也出现过类似的说法。在法庭上，一位心理学家说，人们一般认为英格兰有心理疾病：她有一种"过度顺从"的性格，这让她在格兰纳这样的人面前特别脆弱。[82]她被描述为"假小子""皮带女"，总之，"不是正常的女人"。[83]《星报》(The Star)上的一篇文章用了个特别耸人听闻的标题，说她是"巴格达的性虐待狂"。[84]2004年5月，埃文·托马斯（Evan Thomas）在《新闻周刊》(Newsweek)上撰文问道："在阿布格莱布监狱，一个瘦弱的"假小子"怎么会表现得像个恶魔？"[85]机会平等中心（Center for Equal

Opportunity）的主席琳达·查维斯（Linda Chavez）试图将二等兵英格兰的暴行归咎于"在新的性别混合的军队中"，不可避免的"性紧张"。[86]同样，"性变态"的解释也用在了卡尔平斯基身上。很多人诋毁她，说她是扮演男性角色的女同性恋者。这么说的人，并不真的认为她对女性有性吸引力，而是认为任何允许性虐待发生的女人肯定在某方面是"变态的"。[87]通过这种方式，他们把对同性恋者的憎恶拿来解释女性的性暴力。

日常的性暴力

在美国的"反恐战争"中，以及在卢旺达、塞拉利昂和乌干达的内战期间，出现女性性暴力施暴者的现象不能用少数几个女人的病态、邪恶来解释。无论是诉诸性别错乱，还是诉诸"母亲、恶魔和疯子"的叙事，都无助于解释这些施暴者。即使诉诸武装冲突时期的某些独特因素——比如社会管制的松散、武器容易获得、社会混乱、突发的意识形态仇恨和恐惧——也不足以解释女性的性暴力。

之所以这么说，是因为女性在和平时期和战争时期都会犯下性虐待的暴行。不可否认，大多数广为人知的案件都与极端暴力的女性杀人犯或强奸犯有关，比如英国20世纪60年代的迈拉·希德莉和20世纪70年代的罗丝·韦斯特以及加拿大20世纪90年代的卡拉·霍莫尔卡。这些女人很可能精神都有问题。

然而，如果我们扩大视野，关注更"典型"的女性性犯罪者，得到的画面就会更接近"日常"的男性性犯罪者。弗兰卡·科尔托尼（Franca Cortoni）、凯利·M. 巴布奇申（Kelly M. Babchishin）和克莱门斯·拉特（Clémence Rat）共同开展的研究是近年来最严谨的，他们的研究成果发表在 2017 年的《刑事司法与行为》（*Criminal Justice and Behavior*）杂志上。与许多基于罪犯群体、受害者群体或大学生自我报告的研究不同，这些研究人员并没有将严重的性虐待犯罪与卖淫和性骚扰犯罪混为一谈，他们对数据进行了大规模的元分析（meta-analysis）*。他们把注意力集中在 2000—2013 年来自澳大利亚、比利时、加拿大、英格兰、威尔士、法国、爱尔兰、新西兰、挪威、苏格兰、西班牙、瑞士和美国的官方数据和大规模受害者调查上。[88]

科尔托尼、巴布奇申和拉特发现，官方数据显示，女性性犯罪者的比例为 0.4% 至略低于 7%，但对受害者的调查数据则显示，这一比例为 3% 至 25%。[89] 此外，与男性性犯罪者相比，女性性犯罪者更有可能以男性受害者为目标。根据对受害者情况的研究，40% 的男性受害者报告说，对他们实施性犯罪的是女性，而在女性受害者中，这个比例只有 4%。[90] 当只关注受害者数据时，女性性犯罪者的比例占所有性犯罪者的 12%。[91] 这就是说，很大一部分女性的性暴力犯罪从未向警方报告。有意思的是，越来越多的受害者愿意在受到女性性虐待后报案，但"在官方的报告中似乎并没有体现出这种增长"。科尔托尼、巴布奇申和拉特推测，这可能是因为——

---

* 指对众多现有实证文献的再次统计分析。

刑事司法系统还没有准备好完全承认女性犯下性犯罪。例如，在专业人员中有一种倾向，就是不去考虑妇女犯下性虐待罪的可能性，尤其在这名妇女是一位母亲的情况下更是如此。

他们希望，随着人们越来越多地了解女性施暴者犯下的罪行，不仅专业人士应对指控的方式会发生改变，而且受害者"在报告自己遭到女性性暴力时也不会那么受排斥"。[92] 令人不安的是，他们观察到，只有 10% 至 20% 的男性性犯罪会引起警方的注意。因此，考虑到受害者更不愿意承认自己被女性侵犯过，所以我们有理由怀疑，本该引起官方注意的女性性犯罪的比例可能不仅和男性性犯罪比例同样高，甚至可能更高。[93]

＊

这让我们回到了本章开头提出的那个问题：为什么很多学者要么忽略女性施暴者的存在，要么只把它贬低为一个脚注？正如前面提到的那样，人们总是假设女性更爱好和平，这意味着许多研究人员甚至不问受害者、攻击者的性别是什么。在地缘政治中的南方国家中，女性在地区武装冲突中实施性暴力的情况很常见，这使许多发达国家的学者将"反恐战争"中实施性暴力的白人女性认定为"害群之马"或者人格发育不完全的个体。遗憾的是，由于关注卢旺达、塞拉利昂、刚果民主共和国、乌干达、利比里亚等地武装冲突期间的女性施暴者，人们反而忽略了对这些地区在和平时期的性暴力问题的研究。

这些争论也产生了无益的后果，加强了对性别的狭隘理解，也就是把性别只看成由生理上的男性和生理上的女性组成。我这么说，并不是在暗示对非二元性别的人群缺乏研究（尽管事实确实如此），而是想说明，对顺性别的男性和顺性别的女性的二分法，实际上是不承认性别规范、性别实践和性别身份的易变性。女性同样可以实施并延续男性的性别规范。哲学家朱迪斯·巴特勒很好地阐述了这一点，她认为——

当性别的建构地位被理论化为完全独立于（生理上的）性别时，性别本身就变成了一种飘忽不定的诡计。结果就是，男性以及阳刚气质可以很容易地使一个女性的身体表现出男人的样子；女性以及阴柔气质可以很容易地使一个男性的身体表现出女人的样子。[94]

当芭芭拉·艾伦瑞克哀叹二等兵林迪·英格兰这样的女人表现得像个"男人"的时候，当可可·富斯科痛斥试图赋予女性与男性一样的、包括在"自己的房间里"进行性折磨权利的"平等女性主义"的时候，她们都是在强化一种性别二元论的刻板印象。在对宝莲·尼拉马苏胡科种族灭绝强奸案的分析中，也存在同样的问题。他们关注的是她作为一个女人、母亲和祖母的身份。这样的分析未能公正地反映尼拉马苏胡科生活的复杂性，未能反映出她所处的社会、政治和意识形态背景，以及她作为一个强大的政治人物的抱负。在这场精心策划的种族灭绝行动中，她的表现其实和其他所有策划这类事情的人一样，与性别无关。

否认女性施暴者的存在并不能帮助性暴力的受害者。而且，宣扬尚武、好斗的男性气质的刻板印象，对喜好和平的顺性别男性也是一种伤害。尽管绝大多数对他人实施性伤害的是男性，但也有相当一部分是女性。"施暴者"和"受害者"的身份是在历史、物质和意识形态的背景下产生的,但这种概念往往模糊甚至消除了自主性和屈从性之间的区别。不承认女性实施的性暴力——她们本人也可能是性暴力的受害者——不仅会限制我们对这种暴力形式的理解,也会破坏建立和平社会的任何努力。

第六章　清算

2004年,200名印度妇女在印度中部城市那格浦尔的法庭上杀死了强奸她们的罪犯。当警察试图逮捕领头的行凶者时,妇女们回应,"逮捕我们所有人"……

"逮捕我们所有人"……

在腥红的血泊里,在法院白色的地板上。

"逮捕我们所有人"……

我们割下了他的阴茎,拆毁了他的房子,把一切化为瓦砾。

看,街道上挤满了抗议的人群,"欢迎回家"……

——克里斯托弗·索托(Christopher Soto),
《拥护暴力》(*In Support of Violence*),2016年[1]

2004年,印度北部卡斯图尔巴纳加尔地区的妇女们终于受够了。十多年来,阿库·亚达夫(Akku Yadav)成了这片社区300个家庭的梦魇。亚达夫和他的团伙殴打、折磨、残害和谋杀男人、女人以及儿童。他们私闯民宅,勒索钱财,盗窃财物。他们还经常用轮奸(通常在公共场合)来羞辱和恐吓这些人。至少有40名妇女和女孩(有些年仅10岁)遭到过性侵。[2]用一位居民的话来说就是,"每户人家都住着强奸受害者"。[3]

亚达夫的受害者们曾经试图阻止他。尽管遭到强奸是可怕的耻辱,但她们还是向当局报告了他的暴行。结果她们的报案不是被警察置之不理,就是被法院驳回。亚达夫善于操纵当权者,用现金和酒精贿赂他们。他的种姓也比受害者高,受害者中大多数人是达利特人(以前被称为"贱民")。他的自由比那些经济困难的受害者更有价值。

这一切在 2004 年 8 月发生了改变。当时,亚达夫强奸了一名年轻女孩,并向另一名女孩勒索钱财。当亚达夫听说一位名叫乌莎·纳拉亚恩(Usha Narayane)的 25 岁达利特妇女向警方报告了这些罪行之后,就带着 40 名帮派成员来到她家,威胁要向她脸上"泼硫酸",这样"她就没脸再去报案了"。他警告纳拉亚恩说:"如果再让我见到你,你绝对想象不出我们会对你做什么!轮奸算什么!你根本想象不出我们会对你做什么!"纳拉亚恩报了警。但是,和以前一样,警察始终没有出现。纳拉亚恩担心他会闯入她家,于是打开煤气,威胁要把自己和袭击者一起炸死。亚达夫离开了,但邻居们已经忍无可忍。数百名男人和女人拿起石头和棍棒,开始攻击亚达夫和他的帮派成员。他们烧毁了亚达夫的房子。为了自保,亚达夫来到警察局,被警察拘留。

几天后,亚达夫出现在那格浦尔的地方法院。当事态的发展清楚地表明,他将再次被无罪释放时,200 名当地妇女闯进了法庭。亚达夫虚张声势,威胁要教训她们每一个人。当他称一名女子(之前曾被他强奸过)为妓女时,这名女子脱下鞋子开始打他,并尖叫道:"我和你势不两立。今天不是你死,就是我亡。"[4] 这时,法庭上其他满腔怒火的妇女们一起行动起来。她们制服了法警和法官,向亚达夫的脸上撒辣椒粉,并用菜刀割下了他的阴茎。他至少被捅了 70 刀。[5] 私刑处死是这些妇女获得正义的唯一途径。

没有一位妇女为她们做的事感到后悔。她们执行私刑的理由是"社会正义"和"为自由而斗争"。[6]正如工会活动人士 V. 钱德拉（V. Chandra）所解释的那样："我们都在等待警方采取行动，但什么都没发生。猥亵和强奸仍在继续。"[7]社会活动人士乌莎·纳拉亚恩对此表示赞同，认为警察和政客"与罪犯相互勾结"，为他们提供"保护"。她问道——

> 我们有什么错？法院要花很长时间才能做出判决。我们可能在判决出来之前已经死了。那么上法院还有什么意义？我们花了15年等待法院的判决。现在，卡斯图尔巴纳加尔的妇女们已经向法院传达了明确的信息。你们做不到的事，我们来做。我们有什么错？[8]

对于那些批评她们的人，妇女们反驳说："穷人得不到正义。如果这种事发生在部长的妻子或女儿身上又会怎样？所以，我们决定自己动手。"[9]

有几名妇女因私刑处死亚达夫而受到指控，但没有足够的证据可以定她们的罪。即使上了法庭，这些妇女被定罪的概率也很低：她们在社区内被奉为英雄。数以百计的妇女已经做好了准备，准备一起承认参与了谋杀。高等法院退休法官宝·瓦汉公开支持这些妇女，承认"她们别无选择，只能杀了亚达夫。这些妇女多次请求警方保护她们的安全，但警方没能保护好她们"。[10]在那格浦尔，一个由100名律师组成的团队宣布，被指控的妇女应该被视为受害者，而不是施暴者。[11]

我以卡斯图尔巴纳加尔地区的妇女们实施私刑的故事开始这一章，是想让大家关注，当性侵成为习惯性和系统性的事情时，像印度的达利特和阿迪瓦西族妇女这样的受害者会遭遇什么样的困境。同时，我也要质疑受害者是被动屈从者的假设。当法律无法替她们申冤时，受害的幸存者们可能会采取愤怒的报复行动。

但是，私刑有什么负面问题吗？卡斯图尔巴纳加尔妇女们的暴力行为无法与印度其他地方或美国的一些凶残暴民的行为相提并论。在美国，成千上万名美国黑人因为被人诬告强奸而被私刑处死。那么，形式正义有没有问题呢？我们同样可以从种族主义和阶级歧视的角度合理指责法庭的审判。在庭审中引入科学专家的做法，在一定程度上加强了这些偏见。自19世纪中期以来，性暴力的施暴者是"疯子还是坏蛋"，会对最后的惩罚产生重大影响。它可以决定罪犯是被关进监狱还是在精神病院里接受治疗。人们以自相矛盾的方式使用诸如"恋童癖"和"精神病患者"这样的疾病分类，以确保有色人种的男性施暴者要么被诋毁为"穷凶极恶"（对此唯一的惩罚是终身监禁），要么被视为精神不正常到无药可治。如果不理解种姓、阶级、种族和社会地位的混合影响，就不可能理解，同样是实施了性暴力的男性，为什么会有不同的惩罚。

种姓

卡斯图尔巴纳加尔的妇女们由于性别、经济地位以及最为关键的种姓问题，承受着"多重压迫"。在日常生活中，她们每天都会意识到自己在人类等级制度中的卑微地位。当她们遭遇性侵时,这种地位卑微的现实尤其令她们痛苦。她们很快就发现,根本得不到法律救助。毕竟,亚达夫凭借种姓特权、经济实力、政治权力,以及他纠集暴徒加入帮派的能力,就能不受惩罚地犯罪。他的情况并非个例。在其他许多案件中,都有被控强奸了低种姓妇女的男性被免于起诉的例子。例如,1992年在拉贾斯坦邦,5名古尔加尔种姓(Gurjar,意思是"挤奶工")的男子因轮奸班瓦丽·德维而出庭受审。班瓦丽属于较低等的库姆哈种姓(Kumhar,意思是"陶工"),也是当地"妇女发展项目"的"同盟"(saathin)。当她试图阻止一桩童婚时,受到当事人家庭的攻击。法官拒绝相信古尔加尔种姓的男子会贬低自己的身份,性侵一名"低等级"种姓的女子。当法官宣布无罪释放其中一名袭击者时,他宣称自己相信"印度文化还没有堕落到让一个无辜的、纯朴的乡下人,变成一个不顾种姓和年龄差异,像动物一样攻击女人的邪恶之人"。[12] 换句话说,因为古尔加尔种姓的男人不是"动物",所以他们永远不会与低种姓的女人发生性关系(更不用说性暴力或者非自愿的性行为了)。这种观念的另一面就是抹杀了遭受性暴力的妇女的自主性。历史学家阿努帕玛·拉奥(Anupama Rao)认为,种姓特权是由超过必要数量的多种因素决定的。也就是说,人们认为达利特妇女的身体"全都能默默地承受高种姓的霸权,在不涉及渴望和性欲的情况下,忍受强奸和其他方式的性虐待"。[13] 实际上,是她们的身体招来了性暴力。

在2012年发生了乔蒂·辛格轮奸谋杀案之后,国际社会对于种姓对强奸受害者的影响有了更多的认识。辛格是一名积极上进的理疗科实习医生，她和男性朋友阿温德拉·潘迪在一辆私人公交车上遭到轮奸和折磨。这起后来被称为"德里黑公交轮奸案"的事件在印度国内和国际社会引发了公众的抗议。在不到一年的时间里，袭击者接受审判并被判处死刑。这在印度司法史上是前所未有的。[14]

随后，印度中央政府开始重新审视对待强奸受害者的方式，尤其是把被告送上法庭时缓慢的速度。调查强奸案的委员会由 J.S. 维尔马（J. S. Verma，曾任最高法院首席法官）、莱拉·赛斯（Leila Seth，退休法官）和戈帕尔·亚布拉曼尼姆（Gopal Subramanium，副检察长）领衔，由此可见政府对此事的重视程度。在《维尔马法官报告》（Justice Verma Report）中提出的一项主要改革就是建立"快速法庭"，简化并加快性暴力案件的审判流程，并加强对法官的培训。利比里亚和赞比亚也设立了专门针对性暴力案件的法庭，效果很好。这是一项重要的改革，既威慑了潜在的罪犯，也发出了一个信号，即基于性别的犯罪是最令人憎恶的犯罪。

辛格的这起轮奸谋杀案在印度国内和国际上引起了激烈的抗议，也引出了一些令人难堪的问题。如果这 6 名凶手是有一定社会地位的人，而不是低种姓的、居无定所的贫民窟贫民，又会怎样呢？[15] 如果辛格是一个低种姓的人，会造成这么大的反响吗？如果她和亚达夫的受害者一样，也是卡斯图尔巴纳加尔一个贫困社区中的居民，又会怎样呢？达利特种姓中的激进分子坚持认为，种姓偏见意味着对辛格的强奸和谋杀可以受到谴责和哀悼，而对贫穷妇女司空见惯的性暴力却无人过问。正如阿努·拉姆达斯（Anu Ramdas）在 Savari 网站（一个低种姓妇女活动家的网站）上所解释的那样，"在瓦恰提、查蒂斯加尔邦、哈里亚纳邦、曼尼普尔邦、监狱、警察局、法院和印度各地村庄，到处都有针对达利特和阿迪瓦西族妇女的强奸和强奸杀人案的抗议，但人们选择了无视"。[16] 当然，发生在辛格身上的事情骇人听闻，但拉姆达斯认为，"印度人民对这种城市轮奸案有选择性的震惊态度，进一步恶化了达利特和阿迪瓦西族妇女遭受的常态化强奸和轮奸的境况"。[17]

这里还涉及一个更深层面的问题。国际社会之所以对辛格轮奸谋杀案如此关注，与背后的殖民主义偏见大有关系。西方媒体将袭击者描述为"落后的厌女文化"中的一员，从而迎合了西方"白人男性从棕色男性手中拯救了棕色女性"的痴迷。[18] 毕竟，正如社会学家普拉米·罗乔杜里（Poulami Roychowdhury）所指出的那样，在辛格被丢弃在路边之前，她那位男性朋友也被扒光了衣服、打断了腿。然而，罗乔杜里冷冰冰地补充道："白人男性丝毫不关心从棕色男性手中拯救棕色男性这件事。"[19]

私刑

卡斯图尔巴纳加尔的妇女们私刑处死亚达夫的事情，让我们重新思考私刑问题。对于社区、警察和当地政客都公认的暴徒、施虐者、强奸犯和杀人犯，受害者杀死他们是符合法律还是违背了法律？如果法律系统负担过重，尽管真诚地希望起诉罪犯，却无能为力，又该怎么办？毕竟，在亚达夫被杀的时候，印度法院已经被案件"淹没"了：据估计，当时大约有2000万起案件等待审理。[20] 如果没有其他选择，寻求法律以外的惩罚甚至处以私刑，是可以被原谅的行为吗？

对许多印度女性而言，答案是肯定的。印度拥有世界上最大的女性义警组织。[21] "粉红帮"（Gulabi）成立于2010年，拥有超过2万名成员。这个组织由桑帕特·帕尔（Sampat Pal）领导，总部设在北方邦——印度北部最贫穷的地区，但该组织如今已经扩展到了印度全国各地。这个组织的成员都穿着粉红色纱丽，手持警棍或者又长又重的木棍，用来殴打虐待女性的男子。[22] 她们还帮助妇女解决其他问题，包括土地纠纷、继承、童婚和女性教育等问题。她们甚至会劫持装满食物的卡车，把食物分发给贫困家庭。

尽管被称为"帮派"，但她们更像是一个集体。她们使用的语言是自卫。[23] 这个组织蓬勃发展。由于种姓、阶级、性别和宗教，她们几乎没有机会把对她们施虐的人送到正式法庭上定罪和接受惩罚。正如人类学家阿特雷伊·森（Atreyee Sen）所说，"粉红帮"是一个合法的社会政治运动，它利用"道德暴力"来纠正其成员和同盟者在生活中遇到的非正义。[24] 她引用一名成员的话说："起初我们去找警察，请求他们做点什么。但当官的不听穷人说什么，所以我们只能自己解决问题。"[25] 缓慢而腐败的司法体系，再加上软弱的政府，使群体正义成为唯一可行的选择。私刑是低种姓印度人维护自己权利的方式。

"粉红帮"是现代印度私刑的一个著名例子,但这种做法在世界各地都有悠久的历史。从历史上看,与性暴力有关的私刑往往是由被暴徒激怒的某个邻居或同村的个人实施的。大多数义警都不是有组织运动的一部分(像"粉红帮"那样),而是针对当地某个特定的施暴者实施报复行为。在19世纪的欧洲,性侵者会被游街示众,会遭到当地人的嘲笑,他们家的窗户会被人砸破,他们在集市广场上的信用会荡然无存。我们可以从19世纪的英国找到一些例子。1846年,在英格兰西北部坎布里亚郡的沙普附近,两名"不幸的妇女"遭到"残暴的强奸",激起了当地人的愤怒,以至于载着4名罪犯前往监狱的马车被逼停了很多次。义愤填膺的男女老少站在街道两旁,"表达他们对罪犯令人发指的罪行的厌恶"。一名目击者称,"当地人表现的情绪太过强烈,人们担心可能有人会伤害他们"。有一段时间,"聚集的人群不停地呼喊、吵闹、咆哮、咒骂,现场太过混乱,以至于必须寻求警察的帮助来保护这些人"。[26]40年后,当48岁的托马斯·吉布尼被控性侵了19名年龄在8岁至15岁的女孩时,在伦敦也上演了类似的场景。人们说,"这些女孩的父母都是受人尊敬的人,从事贸易等正经工作"。她们的父母试图私刑处死吉布尼,"差点把他从警察手中抢走"。[27]在所有这些案例中,人们的报道都把注意力放在受害者无可挑剔的"无辜"和天真上。达利特和阿迪瓦西族妇女都非常清楚,如果要引起公众的愤怒,就需要诉诸公认的声誉和公认的美德。

当正式的警察系统运转失灵、不堪重负或者被认为过于宽松时,私刑是一种可以理解的反应。例如，在殖民前的肯尼亚，妇女会举行"羞辱集会"，闯进她们认为有性侵行为的男子家中，抢走他们的部分财产并羞辱他们。[28] 社区义警和私刑之间没有明确的区别。今天，在尼日利亚的部分地区，尽管性犯罪的发生率很高，但警察或其他维持治安的机构根本不会出现，这使义警成为实现正义和让坏人付出代价的唯一途径。[29] 在秘鲁北部，人们自发成立了乡民巡逻队（*rondas campesinas*），以对付犯罪率急剧增长的问题。正如一位玻利维亚人所说的那样，"在玻利维亚没有正义，至少对穷人来说没有。你得有钱才能讨回公道"。[30] 在激烈的国内冲突之后，在南非、北爱尔兰和利比里亚，私刑遍地开花，部分原因是警察和司法系统被严重削弱或者丧失了信誉。因此，在危地马拉，私刑被称为"自己动手实现正义"（*justicia a mano propia*）；特别是在1996年内战结束后，私刑变得普遍起来，并得到了四分之三人口的支持。[31] 在南非，义警组织甚至还和警察达成了非正式协定。在这种情况下，警察允许受害者家庭和当地社区对被控性侵的男子进行殴打，然后才介入并将罪犯押往监狱。[32]

然而，近些年来，针对性犯罪人员的私刑发生了两大变化。其一，在英国和美国，八卦小报已经承担起了组织私刑运动的责任。近几十年来最臭名昭著的一次私刑运动是由英国《世界新闻报》（*News of the World*）策划的。他们为这场运动起名——"为了萨拉"，它是以8岁的萨拉·佩恩（Sarah Payne）命名的，萨拉在2000年7月遭到绑架、性侵并被杀害。报纸刊登了居住在该社区的恋童癖罪犯的姓名、照片和地址。这导致了大量义警组织的出现，他们的目标就是这些被点名的人家。至少有两名男子自杀，其他无辜的家庭被迫逃离。在纽波特的一个案例中，一名女医生因为义警混淆了"恋童癖"（paedophile）和"儿科医生"（paediatrician）这两个词而被迫东躲西藏。

另一个大变化是私刑越来越个人化。它并不是某个群体对性暴力的回应，而是个人对男性暴力的"复仇"。这在美国尤其普遍。美国的妇女可以买到手枪，面对威胁要强奸自己的男性，她们以此作为实施个人正义的主要手段。在这个问题上，最多产的倡导者是花花公子公司（Playboy Enterprises）前社区关系总监帕克斯顿·奎格利（Paxton Quigley）。她在1989年至2010年出版了一系列书籍，其中包括《要不要这样做？武装与女性：1200万美国女性拥有枪支》（*Armed and Female: 12 Million American Women Own Guns. Should You?*，1989）、《不好得手的目标》（*Not an Easy Target*，1995）、《活下去：危险世界中的武装与女性》（*Stayin' Alive: Armed and Female in an Unsafe World*，2005）、《武装与女性：把握控制权》（*Armed and Female: Taking Control*，2010）。[33] 她解释说，自己"原本是一个来自美国中西部，反对持枪权的自由主义者"，当她"最好的朋友一天早上在洛杉矶的家中被人强奸后"，她的态度发生了转变。她"发誓绝不会让这种事发生在自己身上"，并启动了一项工作，确保女性能够保护自己。[34] 她向20多个州的近7000名妇女教授如何使用枪支。[35] 奎格利的书里充斥着关于强奸案例骇人听闻的描述。在1989

年出版的《要不要这样做？武装与女性：1200万美国女性拥有枪支》（这本书被称为"女性使用枪支自卫的圣经"）一书中，[36]她告诉读者："如果你是女性，而且已经超过12岁，你就要做好准备，在你人生中的某个时候可能遭受不法侵犯。"[37]她用了整整一章的篇幅讲述强奸造成的危害，认为"强奸对强奸受害者的影响，用最简单的话说就是，它接近死亡体验"。[38]在她研究的所有案例中，施暴者都是陌生人，尽管她小心翼翼地从不提及种族，但使用"内城"这个词实际上就在暗示这些人是黑人或拉丁裔。[39]此外，她不想被人误解为是"妇女解放主义者"：事实上，她暗示女性主义是导致强奸率飙升的罪魁祸首。[40]她认为，女性购买手枪的趋势"始于20世纪60年代末，当时更多的女性独自生活，外出工作，拥有更多的可支配收入，这使女性成为更容易得手的目标。不仅是强奸，还有抢劫和袭击"。[41]

在《活下去：危险世界中的武装与女性》一书中，奎格利抱怨道，"大多数女性太害怕承担责任，不敢为可能危及生命的情况做好准备"。[42]她甚至主动站出来要求强奸受害者发声。在1989年出版的《要不要这样做？武装与女性：1200万美国女性拥有枪支》一书中，奎格利写道，她曾与一位"将强奸经历埋藏了16年"的女性交谈。用奎格利的话说就是——

> 在我和她谈话时，她刚刚完成了一年的心理治疗疗程，并上完了一门防卫术课程。唐娜是一个沉默寡言的女人，躲在大大的染色

墨镜和层层衣服之下，起初她只想讨论她学到的关于强奸的理论。当我询问她的经历和感受时，她十分紧张，说出的话甚至更偏向理论了。终于，她明白我真的渴望了解她的故事、她的经历，以及那件事对她的影响，也接受了我的询问。[43]

奎格利接着用两页纸的篇幅讲述了唐娜被强奸的故事。根据奎格利的说法，唐娜被迫公开讲述自己被强奸的事，然后在她的要求下武装起自己，防止未来的性侵。与那时的女性主义团体开设的防卫术课程不同，奎格利从更广泛的性别压迫和女性团结运动中抽象出女性遭受性暴力的经历：她关注的是个人主义和社会保守主义。

为什么要寻求非司法正义？

为什么受害者和他们的支持者要寻求非司法正义？在北美和英国，义警的行为表达的是道德的义愤、个人的力量以及渴望出名的文化。在美国，倡导义警行为可以获得丰厚的利润，看看奎格利的畅销书你就知道了。如果与娱乐行业合作，也能大赚一笔。恋童癖"猎手"通常在网上装扮成儿童，引诱他们的"猎物"来见面，然后当场拆穿他们。有时，他们会先把人打一顿，然后再报警。通常情况下，他们会直播见面的过程，即使他们的"猎物"中有很多根本没来得及犯罪。[44] 这类义警在美国很活跃，像"拨乱反正"（PeeJ）这样的组织就在美国全国广播公司一档广受欢迎的真人秀节目《猎捕掠食者》（To Catch a Predator）中宣传他们的策略。类似的组织在德国、荷兰、加拿大、澳大利亚和柬埔寨也很活跃。仅在英国就有至少75个"猎捕恋童癖"的组织。[45] 2014年，随着英国电视四台的纪录片《恋童癖猎手》(The Paedophile Hunter)的播出，这些事情引起了公众的注意。影片讲述的是住在英国纽尼顿市的斯廷森·亨特的故事，他号称是这个领域中的"传奇人物"。义警的这些活动已经遭到指控，说他们妨碍司法公正，挪用了执法机构的资源，促使罪犯的犯罪行为变得更加隐秘。他们无须向任何人负责，再加上他们对自己行动的歪曲报道（往往声称他们的行动100%正确，无视他们造成的冤案或导致受害者自杀的例子），使他们的活动格外令人担忧。

在富裕国家，彼此联网的义警依赖稳定的、廉洁的警察系统。他们的运作基于这样一种假设：一旦恋童癖者被"困住"，就可以把他交给警察，警察会确保他受到惩罚。然而，在世界上其他许多地区，情况并非如此。如果这些地区的司法系统腐败，官僚主义严重，打官司的费用高昂，且打官司时用的不是土著语言，那么私刑就是一种重要的获取正义的方式。在律师稀缺的地区，私刑更为普遍；律师大多在大城市，而国家的大部分地区都没有正式的司法系统。在这种情况下，私刑对于阻止性暴力罪犯和有组织犯罪来说，是一种廉价而快速的方法，它有一定的社会合法性，能给被剥夺者带来一些有所作为的感觉。

然而，私刑对社会变革的影响很小。尽管它在情感宣泄上是有意义的，但从长期来看，它很难推动社会变革，甚至会造成混乱。

有些人对白人女性主义者提出了合理的批评，认为她们为女性赋权的行动有时会被种族主义的义警滥用。例如，1984年，瓦莱丽·阿莫斯（Valerie Amos，现在是英国著名的政治家）和普拉蒂巴·帕马（Pratibha Parmar，社会活动家、电影制片人）就"夺回夜晚"运动对白人女性主义者的影响问题发出了警告。她们指出："许多白人女性主义者与种族主义媒体以及警察沆瀣一气。"她们还批评说，"当无辜的白人女性以黑人强奸犯受害者的形象频繁出现，煽动起公众歇斯底里的情绪时"，白人女性主义者这时却保持沉默。用阿莫斯和帕马的话来说——

> 当妇女们游行穿过黑人聚居的"内城"去"夺回夜晚"的时候，她们的做法正中种族主义媒体和法西斯组织的下怀。其中一些人立即成立义警组织在街上巡逻，通过殴打黑人男子来"保护"无辜的白人妇女。[46]

还有一个常见的问题，就像尼日利亚的巴卡西男孩组织（Bakassi Boys）那样，"好的"义警却变成了"坏人"。这个组织刚成立时，得到了当地群众的广泛支持，但当人们看到他们的做法明显带有偏见，而且不对任何人负责时，情况发生了变化。[47]他们的存在阻碍了警察和司法系统的体制改革。

就连卡斯图尔巴纳加尔穷苦的低种姓妇女也发现了私刑的局限性。当她们的行动引起了国际和国内社会对她们困境的关注时，她们很高兴。但是亚达夫的死亡及其暴力团伙的消失，以及一个资金充足的社区计划的启动,都未能阻止系统性的性别不平等或经济不平等,更不用说提高低种姓的妇女及其家庭在当地或印度的社会地位了。群体复仇并没有触动不平等的根源。它可能是一次令人满意的复仇,但永远无法改变一个不断催生性暴力的文化。即使是致力于羞辱性侵者的"粉红帮",也仅仅满足于改善男性对待女性和儿童的方式,而不是从根本上消除性别差异。[48]

私刑处决

对强奸犯罪嫌疑人的私刑处决,也有邪恶的一面。人们很容易同情那些被系统性剥夺了权利的人采取的自主行动。但这种形式的私刑并不典型。更常见的情况是,义警的正义行为反而帮助巩固了家长制的种姓制度、阶级、种族和基于宗教权力的政府。

这在与极端主义或反女性主义有关的义警组织中表现得最为明显。一个典型例子就是私刑处决强奸犯罪嫌疑人赛义德·谢里夫·汗的事件。2015年,他被人从印度迪马普尔的监狱拖出来,扒光衣服,毒打后绞死。社会学家普拉米·罗乔杜里认为,赛义德·谢里夫·汗成为暴民们的目标,不是因为人们怀疑他(和其他许多人一样)是强奸犯,而是因为当地人痛恨来自阿萨姆邦的穆斯林商人。[49]事实上,民族主义的政治团体经常将私刑处决强奸犯作为一种政治工具。例如,印度教的民族主义者就四处宣扬穆斯林男性是强奸犯,鼓励人们用私刑处死他们。[50]用罗乔杜里的话来说就是,"种族政治可以合理化社会的不平等,而不是削弱它……政治本身并不是一种性别中立的抵抗机制"。[51]

论起以种族为借口对强奸犯进行私刑处决这件事，没有哪个地方比美国南部做得更残忍。在那里，对非洲裔美国男子强奸白人女性的错误指控，导致了大规模的私刑处决。从1882年到1968年，在美国至少有3446名非洲裔美国人被私刑处死。强奸是排在第三位的私刑理由（排在前两位的理由分别是谋杀和"所有其他原因"）。[52]此外，20世纪30年代的一项调查发现，生活在美国南部各州的人中，有64%的人认为对犯有强奸罪的男子处以私刑是合理的。[53]

在一些法律评论者看来，私刑处决是可以理解甚至是正当的。1897年，美国马里兰州巴尔的摩市的威廉·雷诺兹（William Reynolds）在《耶鲁法律杂志》（*Yale Law Journal*）上撰文，认为对强奸犯罪嫌疑人实施私刑处决，是一种"邪恶"但可以理解的行为。毕竟，他提醒读者，美国白人诉诸私刑是出于"一种本能的愿望，想保护那些受到残暴攻击的受害者免于出庭作证的羞辱"，尤其是"这些黑鬼犯下的错误，会大大增加这种羞辱"。他解释道——

> 如果发生了这样一起案件，一个男人被抓住了，而女人指认他就是攻击者。除非这女人是个公认的放荡女人，否则她很难让街坊四邻的普通市民相信，在法律判决之前就对被告处以私刑，同样是一种罪恶。

他坚持认为，"如果被指控的罪犯是黑人，这种民意当然会更强烈"。[54]他还敦促法学家允许强奸受害者私下申诉。

其他公众人物，比如丽贝卡·费尔顿（Rebecca Felton）和卢瑟·罗瑟（Luther Rosser），也公开使用煽动性的种族主义言论为执行私刑的群体辩护。费尔顿是基督教妇女禁酒联盟（Women's Christian Temperance Union）佐治亚州分会的领导人，也是美国首位当选参议员的女性。她在19世纪90年代指出——

> 如果要用私刑来保护女人最珍贵的东西不受人类禽兽的侵害，那我要说，必要的话每周执行私刑一千次都行。这些可怜的姑娘宁死也不愿忍受这样的侮辱。要我说，快点把那些施暴者吊死吧！[55]

24年后，1921年，罗瑟律师详细阐述了私刑背后的种族主义逻辑。他提醒美国律师协会（American Bar Association）的成员，美国白人对司法系统能否有效处理这些"禽兽不如"的罪犯缺乏信心。罗瑟指责非洲裔美国人中的"闹事者"（他指的是民权领袖）鼓励"无知的黑鬼"梦想社会平等，甚至与美国白人妇女通婚。据罗瑟的说法，过去的非洲裔美国人"简单、值得信任、有礼貌、脾气好，对生活充满了希望"。但是，这些"激进分子"——

> 尽其所能地剥夺了这些人身上所有简单可爱的品质。取而代之的是，这些激进分子给了他们不安、怀疑、仇恨，给了他们病态的、被激怒的自我，给了他们失衡的野心，要他们在一个传统上不具备智力或道德基础，或者没有经过训练的位置上，趾高气扬地待着。

罗瑟声称，这样的悲剧结果很容易预测。典型的非洲裔美国男性会变得懒惰、不满，并且决心借由他看上的任何白人女性来"满足他的欲望"。在这种情况下，罗瑟怒斥道，美国白人"痴迷于私刑"又有什么好奇怪的呢？他声称——

> 每当一个无辜且名声良好的妇女被强奸、伤害以及杀死，尤其是被一个野蛮的、无知的、来自被社会排斥的低等种族的人杀害时，那就只有神的旨意……才能抑制住群众的愤怒了。

罗瑟指出，那些认为在法庭上可以获得正义的说法几乎毫无用处。对于恐吓并阻止潜在的黑人强奸犯，法律"在流程上过于冷静"。"在打击恐怖方面，它不如私刑法官（Judge Lynch）好使。"[56] 正如这些极端言论所表明的那样，强奸远不只是对女性的侵犯，也是对白人权力以及权威体系的整体攻击。

正式的司法体系中的种族和阶级

在正式的司法体系中，偏见会不会少一些呢？自20世纪50年代后，针对非洲裔美国人的私刑逐渐减少，因为事实证明，州法院自己愿意执行死刑。正如杰弗里·J. 波克拉克（Jeffrey J. Pokorak）所解释的那样，因强奸指控而被处以私刑的黑人男性的数量（减少），"与因强奸白人女性而被依法处决的黑人男性的数量（增加）成反比"。换句话说，"在那些原来要靠白人性别种族主义暴民使用暴力来对付强奸的地方，如今有法律来对付强奸了"。[57]

波克拉克的观点很有道理。然而，当考虑到阶级的时候，事情就变得更加复杂了。要理解美国对性暴力的反应，很重要的一点是要认识到，种族并不是决定一个人有没有权力的唯一因素：阶级也很重要，它决定了受害者受尊重的程度。戴安·米勒·萨默维尔（Diane Miller Sommerville）在2004年出版的《19世纪美国南方的强奸与种族》（*Rape and Race in the Nineteenth-Century South*）一书中，分析了弗吉尼亚州在1800—1865年152起男性奴隶被判强奸罪的案件；丽莎·林德奎斯特·多尔（Lisa Lindquist Dorr）则研究了1900—1960年发生在弗吉尼亚州的强奸案。[58] 她们的研究均发现，在黑人对白人的强奸案中，陪审员和法官并不总会处决这些人。在萨默维尔的研究中，152名被判强奸或强奸未遂的奴隶中，只有76人（一半）被处决。如果一个人只关注罪犯的种族，他预测的死刑判决比例会高得多。萨默维尔总结说，看起来，种族主义的南方白人"对犯有强奸罪的奴隶网开一面"。[59] 她认为，这只能从阶级以及对受害者在礼仪举止方面的假设来解释。大多数出庭作证的强奸受害者都是工薪阶层的白人女性，她们往往因为违反社会规则而受到指责。自认为"受人尊敬"的白人社区的成员热衷于控制这些女性，就像他们热衷于控制黑人男性一样。用萨默维尔的话说就是，"阶级利益往往与厌女症结合在一起，就形成了一个巨大的障碍，阻碍了对犯有强奸罪的黑人男子迅速、成功地起诉和处决"。[60] 多尔对此表示赞同，她指出，对黑人强奸犯的审判是社区领袖让非洲裔美国男性和白人女性"各归其位"的机会，它加强了白人父权制的权力。[61]

美国的司法体系并不是唯一带有种族偏见的司法体系。在全球范围内，针对不同的种族，在性暴力上采用不同的法律和惩罚措施的现象非常普遍。例如，在20世纪初的所罗门群岛和新几内亚，强奸白人妇女的黑人男子会受到鞭打或被判处死刑，而强奸黑人妇女的白人男子则不会受到惩罚。[62] 在南非纳塔尔省，1868年，一名法官判处一名黑人男子攻击并试图强奸一名白人妇女的罪名成立，他被判处了14年监禁劳役外加100鞭的刑罚。人们并不认为这有什么不正常。不过，法官承认，"如果可以的话，我不会判处欧洲人鞭刑。因为这会贬低他的身份，让他在余生中都觉得自己没那么像个男人了"。[63] 如果罪犯是黑人，情况就不是这样了。黑人罪犯在监狱中的条件也与白人罪犯不同。例如，在19世纪60年代，白人罪犯每周的伙食标准是424盎司（12千克），而黑人罪犯只有272盎司（7.7千克）。[64] 1955年，南非纳塔尔省司法部部长在自由国家民族党大会（Free State National Party Congress）上说，在他任职期间，他"对于强奸欧洲妇女而被判处死刑的非欧洲男子，从未批准过一次缓刑"。[65] 在1970年以前，南非还从未出现过因强奸有色人种妇女而被处决的白人男子。[66]

种族主义思想下的强奸医疗化

无论是在正式的司法体系中，还是在非正式的司法体系中，将强奸医疗化*的做法都放大了其中的种族主义偏见和阶级偏见。正如

---

* 医疗化（medicalization）是指，将非医疗的问题定义成医疗问题，当成疾病来处理，因此以医学的方式进行定义，也成为医学研究、诊断、预防及治疗的主题。

我们在前一章中看到的那样,从19世纪中期开始,法庭越来越多地希望从医学从业人员那里得到"专家意见"。对于性暴力的罪犯应该送进监狱还是精神病院这个问题,充斥着基于种族和阶级的假设。并不是所有具有性暴力倾向的男性都被认为患有精神疾病,有些人看上去病了,但人们相信他们是清醒的,只是被严重"污染"了。这样的例子举不胜举,但我只想把重点放在三个理论和观点上:奥地利精神病学家理查德·冯·克拉夫特-埃宾(Richard von Krafft-Ebing,他是19世纪第一个为"性变态"行为分类的人)的观点;20世纪30年代在北美发明的"性精神疾病"(sexual psychopathy)理论;在法国关于"巴黎郊区北非裔青年轮奸案"(les tournantes)的争论中,用"文化"取代"精神疾病"的观点。

先后任职于斯特拉斯堡大学、格拉茨大学和维也纳大学的精神病学教授克拉夫特-埃宾,是从病理学角度研究性异常行为的具有影响力的学者之一。他在1886年的经典著作《性精神疾病:一项临床法医研究》(*Sexual Psychopathy: A Clinical-Forensic Study*)中,发明了一系列术语,用来区分各种"变态"的性行为。这些术语包括性虐待狂(sexual sadism,源自萨德侯爵的小说中所描述的残酷的性行为)和恋童癖(paedophilia,源自希腊语"*pais*",意为"孩子",以及"*philia*",意为"爱")。

克拉夫特-埃宾是如何描述性虐待狂和恋童癖的?他和意大利犯罪学家萨切雷·龙勃罗梭(Cesare Lombroso)的观点一致,认为这些人大多是道德败坏之人。克拉夫特-埃宾信奉一种进化原则,认为道德类似人的身体和智力方面的特质会代代相传。[67] 克拉夫特-埃宾引用捷克医生约瑟夫·冯·马斯卡（Joseph von Maschka）提到的一系列恋童癖研究的案例来说明这一点。在这些案例中，有一位名叫"K"的病人：

> 他是个弱智，身体畸形，身高不到 1.5 米；颅骨佝偻病（与软骨病有关），脑积水；牙齿很糟——有裂痕，有脱落，不整齐。嘴唇很厚，表情愚蠢，讲话结结巴巴，神态局促不安，表现出心理和生理上的全面退化。在某些恶行被发现时，K 表现得像个孩子。他几乎没有胡子。生殖器发育良好且正常。他只是在表面上意识到自己做了不对的事情，却不知道自己的罪行在道德、社会和法律上的意义。[68]

这是对道德堕落之人的经典描述，它强调的是身体和道德发育的停滞。克拉夫特-埃宾还认为，性道德堕落的人可能患有狂躁症和癫痫病。[69] 他们被"性饥渴"——也就是无法控制的性冲动——所困扰。简而言之，他们是人类中的怪物——这是对穷人和"外来人"的委婉称呼。没有治愈的办法。如果他们犯了罪，处决或终身监禁是唯一的办法。

另一种为具有性暴力倾向的男性分类的方法出现在 20 世纪 30 年代的美国，人们使用了"性精神疾病"这个词。这是我关注的第二个理论。人们认为患有精神疾病的人"缺乏平衡生理本能、情绪和人类共有情感的能力"，因此无法本着对社会负责的原则行事。[70]

他们很少为自己的暴行感到内疚。用精神分析的术语来说就是，精神疾病患者的自我（Ego，或良知）太过弱小，无法抵抗本我（Id，"兽性冲动"的来源）的性欲和攻击性冲动。[71]

法学家认识到将"性精神疾病"写入法律的价值。从20世纪30年代中期开始，美国各州开始把"性精神疾病"写入法律，以应对那些反复不断实施性暴力犯罪的人。虽然各州的法律不同，但在大多数情况下，罪犯在被定罪前都会在陪审团面前进行听证，如果精神病医生证明他患有"犯罪性质的性精神变态疾病"，他就可以被送进精神病院或者监狱里单独的区域。一旦医院的精神病科医生宣布罪犯已经被"治愈"，他就可以被执行缓刑然后释放，或者回到法庭并按原罪判刑。

然而，这些法律的使用是和种族高度相关的：对非洲裔美国人中的恋童癖者和强奸犯来说，很少有人对他们使用"性精神疾病"这条法律。这是因为负责诊断"性精神疾病"的精神病学家认为，黑人性犯罪者在心理上与白人不同。1954年，在美国新泽西州诊断中心工作的阿尔伯特·艾利斯、露丝·R.多尔巴和罗伯特·约翰斯顿三世甚至声称，在我们看来的法定强奸对于"新泽西州的许多黑人来说，本来就是他们的文化中一种正常的、可以预料的现象"。他们解释说，"白人罪犯往往是情绪严重紊乱的个体，患有几种严重的精神疾病"，而非洲裔美国罪犯往往"情绪稳定"。他们声称，黑人强奸犯对自己的罪行"更不容易感到内疚、羞愧和自我贬低"，因此在情感上更少受到干扰。[72] 所以，对于性暴力犯罪的男性，在被送进医院而不是监狱的比例上,存在着巨大的种族差异:在华盛顿州,适用"性精神疾病"法律的男性罪犯中,90%是白人。[73] 黑人性犯罪者更有可能被视为恶性罪犯,而白人性犯罪者被归为精神病患者。前者被送上电椅或送进监狱,后者则被送到治疗室的沙发上。

★

本章开头探讨了卡斯图尔巴纳加尔的 200 名妇女为什么要私刑处死一名强奸了她们社区成员的男子。这些女性公开为自己的暴力行为辩护，理由是他在社区中犯下了一系列性虐待、勒索、折磨以及凶杀罪行，而他的这些受害者永远无法引起警方或司法体系的注意。她们声称被逼到了忍无可忍的绝境，诉诸私刑是恢复某种自主性和道德平衡的唯一途径。就像"粉红帮"中的成员一样，这些妇女自己动手解决问题。她们的私刑不仅是一种暴力行为，也是对她们社区中普遍存在的系统性暴力的回应。相比之下，19 世纪中期美国使用私刑的那些情况，以及今天在印度和美国出于政治和宗教原因的"粗暴的正义"（rough justice），都是故意避开正式的司法系统的报复行为。

这并不是要忽视一个事实，即正式的司法系统在体制上是种族主义的、是阶级歧视的。我在前面已经证明过这一点。当精神病科的医生开始以"专家"的身份出现在法庭上时，他们对被控性犯罪的少数族裔男性抱有偏见。从 19 世纪到 20 世纪后期，欧洲、英国和美国的精神病学家建立起一套诊断系统，习惯性地把少数族裔的穷人假定为性犯罪的施暴者或者恋童癖者。这些偏见对法院的判决产生了巨大的影响。

女性主义者和其他反强奸的社会活动人士终于让人们正

确地认识到，司法系统在保护性犯罪受害者方面是失败的。法律在为强奸受害者伸张正义方面很吝啬。在一些司法管辖区，比如英国的法院，性暴力的受害者比以往更不可能看到施暴者受到起诉。1977 年，三分之一的强奸案最终被定罪。到 1985 年，这一比例为五分之一；到 1996 年，这一比例仅为十分之一。[74] 今天，这一比例是二十分之一。2020 年，英格兰和威尔士性侵受害者事务专员维拉·贝尔德女士（Dame Vera Baird）警告说，英国皇家检察署（Crown Prosecution Service）起诉的案件比两年前减少了 52%。贝尔德女士认为，"我们正面临强奸的非犯罪化"。[75] 如果一个强奸犯最终在法庭上被定罪，他一定会认为自己非常不幸。

关于起诉并惩罚性暴力施暴者的争论，让许多女性主义者质疑自己对正义的假设。特别是在女性主义者和其他社会活动人士的圈子里，对于该如何对性暴力施暴者做出恰当回应这件事，引发了激烈的争论。争论分成两类。第一类是女性主义者是否应该去力求，对惩教系统内的罪犯增加惩罚力度？当"第二波浪潮"的女性主义者努力说服法院对性犯罪者判处长期监禁时，许多社会活动家警告说，要反对"监禁女性主义"（carceral feminism）——有时也被称为"管制女性主义"（governance feminism）。理由是，"把他们锁起来，藏起钥匙"的做法不成比例地惩罚了少数族裔的贫穷男性。对性犯罪者的惩罚是有风险的。他们鼓励一种从自身特权出发的、根基牢固的女性主义。有色人种的女性主义者经常提醒中产阶级的白人女性主义者，鼓励国家对有色人种社区进行更严格的控制是危险的做法。她们认为，报复性正义（retributive justice）不会解决基于性别的暴力问题；事实上，它可能会激怒那些男人，使情况更加恶化。我将在最后一章中回到这些问题，来解决我们能对此做些什么的问题。

第二类争论的内容是关于女性主义的私刑。正如我们看到的，对于杀死亚达夫的卡斯图尔巴纳加尔的妇女们，有相当多的女性主义者表示同情。克林顿全球倡议基金会（Clinton Global Initiative）、M. 奈特·沙马兰基金会（M. Night Shyamalan Foundation）以及国家妇女、儿童和青年发展研究所（National Institute for Women, Children, and Youth Development）甚至为乌莎·纳拉亚恩（2004 年 8 月反抗亚达夫的年轻女子）提供资金支持，建立了一个卡斯图尔巴纳加尔的社区发展项目。这个项目为当地的男女提供培训，涉及餐饮、烹饪、牛奶加工、陶瓷、纸盒制造和信息技术等多个领域。[76] 许多社会活动人士认为，以暴制暴是卡斯图尔巴纳加尔妇女们的唯一选择。在 21 世纪，女性主义的"童话故事"也倾向于表达类似的观点。2011 年的电影《龙纹身的女孩》（The Girl with the Dragon Tattoo）和 2012 年的电影《白雪公主与猎人》（Snow White and the Huntsman）讲述的都是强奸幸存者诉诸私刑对付施暴者的故事。这些电影通常被解读为赋权电影,但它们或许应该被解读为助长父权暴力而不是反抗父权暴力的电影。正如女性主义者奥德丽·洛德(Audre Lorde)所说的那样,"主人的工具"——

永远不会拆毁主人的房子。他们或许能让我们在他们的游戏中暂时击败他们,但永远不会让我们有能力带来真正的改变。而这一事实只会威胁到那些仍然把主人的房子视为唯一生活来源的女性们。[77]

她鼓励我们所有人"与被排除在体制之外的那些人联合在一起,定义并谋求一个我们都能获得繁荣生活的世界"。这既是在呼吁团结,也是在呼吁对话。

第七章 战争中的性暴力

1932—1945年，日本军队策划、组织并系统化实施了现代史上规模最大的强迫卖淫计划。"慰安所"这个名字非常有误导性。在"慰安所"中，有16万名被称为"慰安妇"的女孩或女人，她们其实是军队里的性奴隶。这些女性有的是被绑架来的，有的是因为家人受到威胁，还有的是受到虚假就业承诺的欺骗，以为要去军工厂、医院或餐馆工作。80%的"慰安妇"是朝鲜人，但也有来自菲律宾、中国、印度尼西亚、荷兰和日本的妇女，她们也受到同样的性虐待。这些"慰安妇"在受管制的妓院、军营、碉堡和山洞中提供性服务。这样的场所遍及日本和朝鲜半岛，中国的东北、广东和台湾地区，以及库页岛、缅甸、菲律宾、印度尼西亚、马来西亚、苏门答腊、巴布亚新几内亚和太平洋群岛。

随军性奴忍受着残酷的生活。她们每天被强奸多次，有些人遭受这种虐待长达5年之久。[1]据估计，只有四分之一到三分之一的"慰安妇"活了下来。[2]受害者往往会留下严重的身体创伤，性传播疾病、结核病、精神障碍和不孕症。她们受到的影响会伴随一生。用黄娟秀（Hwang Kuen Soo）的话说就是："我们被当作猪、狗对待。我的生活全毁了，我的感情受到严重伤害。我从未想过结婚。我一想到男人，一看到男人，就恶心。"[3]战争结束后，这些人回到家乡后同样很痛苦。许多人受到邻居们的诋毁，称她们为"肮脏的女人"，甚至是通敌者。[4]她们最终有家不能回，遭到家乡人的拒绝和排斥。正如一位24岁的韩国女子李英淑（Yi Yŏngsuk）在战争结束时所说的那样：

> 一艘船来接我们回家。我不想回去,但我必须上船,因为政府命令所有人都回家。船上挤满了"慰安妇"。我没有家人,没有亲戚,我无家可归。我不可能嫁得出去。我想,与其回国,还不如淹死,但我没有勇气跳下水去。[5]

对于黄娟秀和李英淑来说,无论多少金钱都无法补偿她们经历的痛苦。她们只不过要求日本政府承认她们遭受的苦难。

那么日本军队和政界的领导人是如何为建立"慰安所"辩护的呢?他们声称,随军性奴可以提高军队的士气,遏制被占领地区急剧上升的强奸率,增加军队妓院的收入,减少士兵得性病的机会。他们把"慰安所"指定为"公共卫生便利设施"。[6]1993年,保守派女记者上坂冬子解释说:"在战争时期,为了维持最低限度的安全和秩序,'慰安妇'是一种必要的邪恶……这个问题不是任何人的错,是战争不可避免的外延。"[7]这也是日本前首相中曾根康弘的观点。他是当初决定建立强奸集中营的军队领导人之一,后来在1982—1987年担任日本首相。他承认当时士兵们已经开始"侵犯当地妇女或沉迷于赌博"。他解释说,正因为如此,"我费了很大力气为他们建立一个慰安所",因为这些人"就像挤在脸盆里的土豆一样"。[8]日本军官知道他们干的事是残暴的性虐待,所以有意掩盖这些可耻的行为。在官方文件中,"慰安妇"被列为"军需物资"。

在日本和韩国,战后政府不愿承认还有幸存的"慰安妇",更不用说给予赔偿了。但在荷属印度尼西亚,情况并非如此。

在1948—1949年，印尼当局公开审判了一些参与随军性奴事件的日本高级军官。一旦被定罪，他们就会被投入监狱。一名军官被处决，其他人则通过切腹自杀来避免牢狱之苦。⁹

韩国的反应与荷属印度尼西亚截然不同。在韩国，"慰安妇"在争取正义的斗争中面临着巨大的障碍。尽管日本中央大学教授吉见义明（Yoshimi Yoshiake）在1991年11月和1992年1月公布了官方文件，证明"慰安妇"曾是一项官方政策，但到了2007年，日本首相安倍晋三竟然完全否认"慰安妇"的存在。由于"慰安妇"大多来自贫穷的农村地区，所以许多富裕的、生活在城市中的韩国人很难理解她们。¹⁰ 忽视她们的主张既有性别原因，又有阶级原因："慰安妇"被看作"贫穷女人的问题"。

民族主义是问题的关键。女性被视为一个国家道德和种族纯洁的化身。人们希望那些被迫成为性奴的人保持沉默，她们只要试图说话，就会受到斥责。她们的苦难则被用来煽动反日情绪和大韩民族主义。在日韩男人间的竞争中，"慰安妇"成了政治棋子，她们女性受害者的身份被搁置在一旁。历史学家权圣妍（Vicki Sung-yeon Kwon）甚至指出，公开谈论韩国女性遭受的性奴役可能（适得其反地）加强了"反殖民主义和父权制的民族主义"，会将这些性奴役解释为"对民族自豪感的伤害，而不是对女性人权的侵犯"。这是因为"在父权制的民族主义中，男性是国家的主体，而女性是客体，是男性的占有物"。¹¹

朝鲜半岛曾是日本的一部分，这一问题因此变得更为复杂。人们可以把朝鲜妇女的随军性服务看作她们为战争作出的贡献：她们是"志愿随军的"。杨海娜（Hyanah Yang）注意到了这方面的问题。她指出，与发生在前南斯拉夫的大规模强奸不同——

> 殖民地时期，朝鲜妇女的身体并没有明确地被定位成敌方人员的身体。因为携带"慰安妇"的首要目的是打赢战争，所以朝鲜妇女的身体被单纯地当作军需物资，是日本取得战争胜利的一种资源。

"大东亚共荣圈"是建立在性暴力的基础上的。[12]这意味着对历届韩国政府来说，这个问题都具有深刻的政治意义。毕竟，这个政府中的许多官员曾经积极与日本殖民政权合作过。[13]一些韩国人还通过捕获和运输性奴隶赚了很多钱。

战后的政治、经济环境也鼓励他们掩盖暴行。韩国的经济增长依赖日本的技术，而且面临与日本巨大的贸易不平衡（到1992年，韩国对日本的贸易逆差达790亿美元）。[14]自1951年以来，韩国和日本的政界人士一直试图通过谈判达成战后一揽子赔偿方案。1965年，两国签定了《日韩请求权协定》（Japan–South Korea Claims Settlement Act）。这项协定把经济协助放在第一位，意味着对于韩国在日本殖民时期的所有损失，不会再接受进一步的索赔了。[15]协定中包括了对那些被迫成为性奴的妇女的赔偿。在这些谈判中，涉及道德因素：韩国历届政府都意识到，攻击日本政府参与性奴役只会让自己处于尴尬境地，因为他们也向美军基地提供妓院。由于急需外汇，韩国政府一直对性旅游睁一只眼闭一只眼。

对于要不要追究日本人的刑事责任，还有更广泛的地缘政治背景。在"冷战"期间，美国为了对抗苏联、中国和朝鲜的共产主义政权，需要日本的帮助。在广岛和长崎遭受原子弹轰炸造成毁灭性的灾难后，美国政府很愿意容忍日本作为受害者的形象出现。因此，他们不希望韩国采取更激烈的行动。

不承认"慰安妇"，也不（在经济上或者象征性地）补偿"慰安妇"的主要说辞是，被殖民者和殖民者都是受害者；在战争时期，暴行是不可避免的；并不是所有妇女都是被迫的。尽管报酬很低，但有一小部分人的性服务确实得到了报酬。《产经新闻》（Sankei）还引用了一句韩国谚语，劝诫人们"家丑不可外扬"。[16]

历史记忆也被拿来说事。丑陋和可耻的历史难道不应该忘记吗？总是揪住过去不放难道不是对幸存老兵和死去祖先的侮辱吗？2012年，当韩国退伍军人协会（Korean Liberation Association）反对在首尔建立博物馆来纪念这些随军性奴时，肯定是这么想的。他们说，这座博物馆是对那些为独立而战的人的"人格中伤"。[17]他们的游说活动失败了：2012年5月，"战争与女性人权博物馆"对外开放。

这种认为应该抹去历史污点的观点也出现在日本历史教科书的争论当中。在日本，这些教科书先由一个写作班子完成，然后必须得到文部省（Ministry of Education）的批准。1963年，文部省以"过度批评"为由，驳回了历史学家家永三郎（Saburō Ienaga）的教科书《新日本史》（*Shin Nihonshi*），要求他删除 300 个段落，其中包括他提到的战争期间的强奸暴行和性奴役内容。文部省给出的理由是："在人类历史的每个时代的每场战争中，都会发生对妇女的侵犯。这不是一个在谈到日本军队时需要特别提及的内容。"[18] 1995 年，由大学学者藤冈信胜（Fujioka Nobukatsu）和西尾干二（Nishio Kanji）组织的"自由主义历史研究小组"重新点燃了这场争论。他们认为，对"二战"期间日本的史学研究是片面的。[19] 第二年，在"新历史教科书编写委员会"（Council for the Creation of New History Textbooks）的支持下，他们再次出击，提出的其中一个要求就是删除所有提及"慰安妇"的地方。[20]

尽管有这些反对的声音，但对"慰安妇"的性虐待还是逐渐引起了公众的注意。1979 年，山谷哲夫（Yamatani Tetsuo）导演的电影《一位冲绳的老太太：随军慰安妇的证词》（*An Old Lady in Okinawa: Testimony of a Military Comfort Woman*）讲述了韩国慰安妇裴凤基（Pae Pong-gi）的故事，她是第一个公开自己姓名的慰安妇。[21] 1990 年，韩国成立了"韩国挺身队问题对策协议会"（Korean Council for the Women Drafted for Military Sexual Slavery）[*]。这个组织是妇女权利、人权、劳工和宗教（基督教和佛教）团体的联盟。

然而，真正起决定性作用的是，越来越多的"慰安妇"开始愿意面对公众，讲述她们的经历。1991 年 8 月 14 日，在沉寂了半个

---

[*] "挺身队"是"慰安妇"的另一种叫法。"挺身"就是献身的意思。这种说法更具欺骗性。

多世纪之后，67 岁的金学顺（Kim Hak-sun）站出来承认自己曾是一名性奴。她在日本各地旅行，告诉听众，她愿意成为一个"活的证人"，因为"当我听到日本政府否认它在慰安妇体系中扮演的角色时，我的血液沸腾了"。她承认，她之所以勇敢，部分原因是她是一个没有孩子的寡妇，没有家庭会因她而蒙羞。

金学顺的遭遇引起了全世界人民的共鸣。她讲述道，"当我拒绝与士兵发生性关系时，他们威胁会杀了我。因为我必须服从天皇、军队指挥官和士兵本人（日本皇军士兵）的命令"。她承认，"只要想到或者谈论我作为慰安妇的经历，我的整个身体和灵魂都会颤抖"。[22]

金学顺的勇敢鼓舞了其他人。第二年，韩国挺身队问题对策协议会出版了《军队性奴役受害者的见证》（*Witness of the Victims of Military Sexual Slavery*）一书。其中包括一首由易阳苏（Yi Yang-su）作曲，名为《挣扎》（*Katusa*）的歌曲。它的歌词是这样的：

> 我再也无法忍受这种痛苦，
> 把我的青春还给我！
> 道歉，赔款！
> 日本，你必须道歉，赔款！
> 因为你把我们掳走，因为你践踏了我们。
> 妈妈，爸爸，
> 听到女儿在哭泣吗？
> 现在，我的韩国兄弟姐妹们都在帮我了。[23]

有意思的是，施暴者也觉得应该站出来了。许多人打来匿名电话表示忏悔。而另一些人，比如吉田清治（Yoshida Seiji，曾任日本南部下关市国民征兵处处长），则更为公开。他在两本书中承认，在 1942—1945 年，他"捕获"了大约 5000 名韩国女孩和妇女，把她们送去做性奴。[24] 他对此懊悔不已。

改变是缓慢的。1993 年，日本内阁官房长官河野洋平（Yohei Kono）承认日本军队对于性奴役韩国和其他国家的妇女负有责任，并致歉。3 年后，联合国谴责了日本的性奴役政策。然而，到 2015 年底，日本政府只表现出有限的歉意，这里面包括 830 万美元的赔偿基金。人们认为这些赔偿基金太少了，也来得太晚了。

战争中的性暴力具有特征吗？

战争中的性暴力具有一些代表性的特征，从日本军队使用性奴的历史中可见一斑。日本军队使用性奴这件事，是战争时期的残酷性暴力、政治上过度作为和无视历史的极端例子。"慰安妇"的存在还提醒人们，战争中的性暴力并不是什么文化、政治和经济真空的产物。性暴力的意识形态和实际做法，以及维护它们背后的政治、经济和文化制度，都植根于战前的历史中。这些是我在本章后半部分要讨论的问题。

不过，尤其需要注意的是，武装冲突期间的性暴力具有明显的特征。战时的大规模强奸需要精心策划：战斗人员必须表现得残暴，必须进行强化性宣传，必须大规模破坏基础设施，必须不断煽动种族歧视和其他种族偏见。至关重要的是，战争中的性暴力通常是大规模的、系统性的。它有时带有种族灭绝性质。[25]

战争中的性暴力本质上是为政治服务的。对性侵的报道具有巨大的宣传价值，特别是当受害者在政治上被理解为"无辜"的象征（比如年轻的女孩）时更是如此。[26] 不论是出于防御还是扩张的目的，这样的事情经常都被用来煽动军国主义情绪。例如，在第一次世界大战期间，协约国故意传播"德国佬强奸事件"的谣言，试图煽动仇恨，并说服其他国家派兵参战。在这些尝试中，最著名的是詹姆斯·布莱斯子爵（Viscount James Bryce）在 1915 年发布的《呈交委员会关于德国暴行的调查报告》（Report of the Committee on Alleged German Outrages）。这份报告证明了德国人的暴行，包括大规模强奸女孩和修女。[27] 同样，在法国，海报、小册子和报纸上的文章也在不断报道比利时入侵法国时的性侵行为。历史学家露丝·哈里斯（Ruth Harris）指出，这些文字把法国"变成了一个脆弱的、饱受蹂躏的年轻女子，看着头戴钢盔的德国大兵离开卧室，倒在地板上哭泣到崩溃"。[28]

艺术家也被动员起来。这当中就包括荷兰画家兼漫画家路易斯·雷梅克斯（Louis Raemaekers），他创作了一系列描绘德国人暴行的漫画，旨在说服美国和荷兰政府放弃中立立场，在战争中站在协约国一边。他有一幅素描名为《诱惑》，画面是一名德国士兵用手枪指着一个女人的头，显然有意强奸她。雷梅克斯的漫画非常受欢迎，被刊登在《阿姆斯特丹电讯报》（Amsterdam Telegraaf）上后，在世界各地展出，被用作充满敌意的反德宣传。正如 J. 默里·艾利森

（J. Murray Allison）在他1919年出版的雷梅克斯漫画汇编中所指出的那样，雷梅克斯的作品展示出美好如何"被野兽般放荡的力量吞噬……他手中的铅笔变成了一把复仇的剑"。[29] 描写强奸的艺术，以及现实中真实的强奸，都成了战争中的武器。

关于武装冲突中的性暴力，最令人震惊的地方还不在于它是有计划的，也不在于它在本质上是为政治服务的，而在于战争极大地降低了性暴力的门槛，极大地改变了这种暴力的性质。当然，我们必须警惕所谓的"例外政治"（politics of exception），即认为战争时期的性暴力比和平时期普遍存在的性暴力更糟糕；我们也必须警惕"会计政治"（politics of accountancy），即认为只有受害者人数达到一个阈值，这些行为才能被称为暴行。但不管怎么说，武装冲突中的某些元素无可争辩地增加了性暴力的风险。战争放大了两性之间原有的不平等，使性暴力变得更有可能发生。同一个族群中的男人，以及入侵的陌生人，他们用武器迅速武装自己，增强了其胁迫他人的能力。男性"保护者"可能缺席。在这种情况下，许多通常用来震慑性暴力的机制遭到削弱或者完全消失：这里面包括警察和法律系统的瓦解，村庄中的尊长、宗教代言人以及其他能起到克制作用的角色的缺席。因此，在武装冲突中，禁止暴力行为的规则变得异常宽松。

战争中的性暴力向全体男人传递了一条有力的信息，它象征着羞辱了敌方的男子气概。用人类学家维纳·达斯（Veena Das）的话来说，女性的身体成了"男性相互交流的标志"。[30] 这些女性遭到强奸是对她们男性伙伴的谴责，因为他们显然没有完成不成文的"性别契约"，在这种契约下，男性为保护女性而战，而女性反过来为他们生儿育女。艾莉森认为，女性作为"一个族群的生命生产者"和"文化传播者"，对她们的性暴力是一种强有力的统治宣言。[31]正如社会学家露丝·塞弗特（Ruth Seifert）所说，对女性的强奸"象征着对整体族群的强奸"。[32]公开强奸的目的不仅是在肉体上摧毁这个族群，而且要在宗教和文化上摧毁它。对马来族土著女孩和危地马拉妇女的大规模强奸就是这样：强奸犯的意图是根除这个族群凝聚力的一切基础。[33]战争中的性暴力破坏了与性别、家庭和族群有关的根深蒂固的规范，造成了混乱。[34]正因为如此，它成了战争中非常有效的武器。

战争中的性暴力的严重程度

性暴力是武装冲突中根深蒂固的一部分。在第一次世界大战期间，记录最完整的大规模强奸事件发生在比利时和俄国。正如我们已经看到的，从20世纪30年代末开始，在日本侵华战争中，就一直伴随着强奸和强迫卖淫事件。日本士兵还大规模强奸了"慰安妇"以外的人。东史郎（Shirō Azuma）参与了这些暴行。他回忆说，他和他的战友们在当时"并不感到羞耻……也没有罪恶感"，他解释说——

> 当我们进入一个村庄，要做的第一件事就是拿走食物，然后抓

住女人强奸她们，最后我们会把所有男人、女人和孩子都杀了，以确保他们不会溜走，告诉中国军队我们在哪里。

令人不寒而栗的是，他说，他们杀死受害者是因为，"如果不这样做，我们晚上就睡不着觉"。[35]

武装冲突期间的性暴力事件似乎层出不穷。1947年，在印度和巴基斯坦瓜分旁遮普邦的过程中，发生了大规模的强奸事件。[36]在1971—1972年的9个月里，巴基斯坦士兵在镇压孟加拉民族主义叛乱时，强奸了大约20万名孟加拉妇女。但一些学者估计，实际遭受性侵的妇女人数是这个数字的两倍。[37]20世纪90年代，在东帝汶和危地马拉发生了大规模的强奸、酷刑和杀戮事件。例如，在危地马拉内战期间，实施大规模强奸的士兵经常要求受害者为他们做饭，并随着木琴的音乐跳舞。[38]

虽然我会警告大家，不要将"发生在非洲的战争"特色化为性暴力特别严重的战争，但不能因此就忽略，在这一地区发生的某些冲突期间极其严重的性暴力造成的影响。在1994年卢旺达种族灭绝事件期间，幸存的图西族女性中，有50%至90%的人遭到过性侵。[39]数目不详的胡图族女性也遭到过性侵，通常是因为她们与图西族妇女有交往，或者因为"身为女性，在错误的时间出现在错误的地点"。[40]在利比里亚战争期间及战争结束后不久也出现了类似程度的性暴力，50%至90%的女性至少遭到过一次性侵。[41]在利比里亚的这些受害者中，半数的年龄在10岁至15岁。[42]关键是，在战斗部队中，10%至40%的士兵是儿童。[43]他们不仅经历和目睹了暴行，而且参与了这些极端残忍的行动。

近年来，人们的研究重点转向由全球性企业集团的财务需求引发的武装冲突。换句话说，在最近的武装冲突中，强奸弱势群体的是那些贪婪的、在全球开展业务的资本家。一个明显的例子是厄瓜多尔的农业公司，他们使用雇佣兵强奸尤拉克鲁斯（Yuracruz）的土著女性，把她们和她们的家人从资源丰富的土地上赶走。据估计，有一半的尤拉克鲁斯妇女遭到过性侵。[44]

另一种形式被称为"石油暴力"，即利用强奸手段，将人们从某一地区赶走，以便国家和跨国石油公司从这里获得巨额利润。女性主义学者希瑟·M.特科特（Heather M. Turcotte）解释道，在尼日利亚内战期间，强奸"不仅是一种战争'工具'，也是全球石油政治得以实现的途径"。[45]同样，在刚果民主共和国，强奸也是一种手段，为开采钶钽铁矿（coltan）、钻石和黄金"清理"土地。钶钽铁矿尤为重要，因为它是手机、电脑、汽车电子产品和相机里不可缺少的材料。世界上80%的钶钽铁矿都产自刚果民主共和国。[46]根据联合国的数据，在20世纪90年代末，卢旺达军方每月出售的钶钽铁矿的价值可能高达2000万美元。[47]用国际关系学者萨拉·梅格（Sara Meger）的话说就是——

> 全球化为跨国贸易和相互合作提供了更大的便利。因此，非国家行为体有更大的机会接触到渴望和他们交易的地区性及国际性买

家。这为他们使用暴力实现经济目标提供了强大的动力。[48]

此外，刚果民主共和国还受到内部的政治野心、执政当局的软弱和种族竞争的困扰，是世界上最不适合女性生活的地方。[49]那里每天约有 1000 名女性遭到强奸。今天，在刚果民主共和国国内，有 20 多万名强奸幸存者，其中三分之一是 18 岁以下的女孩。[50]

这只是武装冲突的几个例子。其他性暴力达到某一极端程度，甚至导致杀害妇女的地区包括：阿富汗、阿尔及利亚、阿根廷、孟加拉国、波斯尼亚、巴西、缅甸、柬埔寨、克罗地亚、塞浦路斯、东帝汶、萨尔瓦多、海地、印度、印度尼西亚、科索沃、科威特、利比里亚、莫桑比克、尼加拉瓜、秘鲁、塞尔维亚、土耳其、乌干达、越南、扎伊尔和津巴布韦。

法律和种族灭绝的强奸

尽管在世界各地的武装冲突中，性暴力发生的频率如此之高，但针对战时性暴力的法律最近才出台。自人类第一次编纂法律以来，性暴力一直属于民法中谴责的行为，在军事法律中从未提及。几个世纪以来，在战争中强奸妇女被认为是对胜利者的赏赐，是那些被边缘化的人付出的代价。在西方，这种情况在 1863 年发生了变化。当时美国南北战争期间的联合军引入了利伯法典*，规定可以"合法

---

* 利伯法典（Lieber Code），正式名称为"第 100 号令"（General Orders No. 100），是 1863 年由美国总统亚伯拉罕·林肯在美国内战期间签署的指令，教导联邦军士兵在战时应该如何行动。它由美国法律学者和政治哲学家弗朗西斯·利伯提出，由此得名。

地当场杀死"强奸妇女的士兵。[51]

国际法也姗姗来迟地做出了反应。1907年,《陆战法规和惯例公约》(Laws and Customs of War on Land),即海牙第四公约(Hague Ⅳ)第46条,禁止侵犯"家族荣誉";1949年《日内瓦第四公约》(Fourth Geneva Conventions)第27条规定:"妇女应受到特别保护,免受任何对其荣誉的攻击,特别是强奸、强迫卖淫或任何形式的下流的侵犯。"然而,在纽伦堡对战争罪行进行审判时,完全忽略了强奸和其他基于性别的犯罪。[52]远东国际军事法庭对强奸案提起了诉讼,但罪名是"非人道待遇"和"不尊重家庭荣誉和权利",而不是重大战争罪。[53]对性奴役16万名"慰安妇"负有责任的日本领导人直接被放过了。

一些地区性以及国际性的组织,利用包括前南斯拉夫妇女在内的遭受性暴力的妇女的痛苦经历大做文章,他们的做法引起了广泛的争论。萨格勒布非民族主义妇女游说组织认为,有必要向全球的妇女组织以及和平运动发表一份"意向书"。她们希望在这份意向书中表达其担忧,认为女性遭遇性暴力这件事被"用于以传播仇恨和报复为目的的政治宣传,会进一步导致对女性的暴力"。[54]女性主义团体"黑衣女"(Women in Black)也发出了同样的警告,反对"将受害者工具化的政治"。她们拒绝纠缠于"谁是真正的受害者,或者谁最有权利称自己是受害者"的争论中,并指出,"受害者就是受害者。对她来说,受害者数量的多少并不能减轻她遭受的痛苦"。她们还说,诚然,"我们碰巧住在贝尔格莱德,碰巧和那些叫塞尔维亚名字的妇女一起工作，而她们碰巧是战争的囚徒和强奸的受害者"。然而，当面对这些——

> 勇敢的、疲惫的、饱受心理创伤的妇女时，我们没有任何理由认为，她们受到的伤害比其他任何民族的妇女受到的伤害少。她们向我们讲述各种暴行、有计划的强奸、死亡威胁和其他恐怖事件……毁掉她们生活的不是男人的民族，而是男人的身体。[55]

这是一个充满激情的请求，但也有一定风险。因为它可能会把所有女性都视为受害者，从而为一些积极参与暴行的女性开脱。[56]

除了这些担心，还有一种争论，是关于"作为战争武器的强奸"。这种强奸有时被称为"强奸战"或者"战略性强奸"。[57]然而，我们不该让"作为战争武器的强奸"主宰性暴力的历史。正如艾莉森提醒我们的那样，把注意力放在这上面，会让我们"错失很多东西"。因为这——

> 意味着，发生在战争中，但并非直接源自军事战略的性暴力，要么会被掩盖忽视，要么仍旧被认为是军事战略的一部分，而不是来自任何给定社会中更深层次的权力结构。无论是哪一种，都十分令人不安。[58]

为了应对大规模强奸和军队故意实施的强奸，很有必要对国际法进行修改——这一点几乎没有人怀疑。2001年，针对前南斯拉夫问题和卢旺达问题的《国际刑事法庭规约》(Statute of the International

Criminal Tribunal）承认，强奸是一种反人类罪，而不是侵犯他人财产或其他非人道的罪行。[59] 用哲学家黛布拉·伯戈芬（Debra Bergoffen）的话说就是——

> 将强奸定为和酷刑一样的反人类罪，肯定了具身主体性*的原则。然而，它在一些地方超越了过去对酷刑的裁决。其一是关注具身化（embodiment）的性现实，其二是坚持认为侵犯女性的性节操是反人类罪。[60]

全世界的学者喜气洋洋，而性暴力的施暴者几乎没人知道这些概念。

"非洲的世界大战"？

人们通常认为，在南斯拉夫解体期间发生的大规模性暴力在欧洲属于例外情况。而对于在地缘政治中的南方国家的武装冲突中发生的大规模强奸，人们通常不会从"例外政治"的角度去思考，而是会假设"出于文化上的原因，在非洲的战争中充斥着性暴力"。这种假设基于的是殖民主义和种族主义的错误观念。奥斯陆和平研究所（Peace Research Institute）的研究人员调查了1989—2009年发生在

---

* "具身主体性"（embodied subjectivity）是莫里斯·梅洛-庞蒂（Maurice Merleau-Ponty, 1908—1961）提出的概念，认为人不是一种离身的心智，不是笛卡尔所谓的"纯粹思维"，更不是"复杂的机器"，而是通过身体与世界互动的创造者。当身体成为世界的中心，那么借由身感知所构筑的空间，就变成了世界的空间。具身思想提出了人与世界的新关系。

202　　　　　　　　　　　　　　　　　　　　　　　　　　　　　　耻　辱

非洲的48起武装冲突（涉及236个有组织的武装派别），发现64%的武装派别并没有实施过性暴力。[61] 在研究地缘政治中的南方国家的战斗人员犯下的强奸罪行时，达拉·凯·科恩、阿米莉亚·胡佛·格林和伊丽莎白·简·伍德注意到——

> 在一些武装冲突中，战斗人员会大规模地实施性暴力，但在另一些武装冲突中却不然。即使在同一场战争中，武装派别也不会以同样的程度或同样的形式实施性暴力。此外，那些在战争中的某个阶段避免实施性暴力的武装派别，有可能在其他时期会大规模地实施性暴力。[62]

换句话说，与世界上的其他地区一样，在地缘政治中的南方国家中，各种武装冲突中的性暴力程度是有很大差别的。研究人员对1980—2009年世界各地爆发的86场主要内战做了研究，得出结论——

> 在18场战争中，在至少一年内，报告了大量的强奸案例；在35场战争中，在至少一年内，报告了许多强奸案例；在18场战争中，在至少一年内，报告了少量的强奸案例；在15场战争中没有任何关于强奸的报告。在报告有强奸案例的战争中，38%的报告是不对称的——也就是说，只有一方实施了性暴力。总结下来，国家和非国家行为体实施性暴力的情况更为普遍，相比之下，只有政府军或者只有叛军实施性暴力的情况则相对较少。值得注意的

是……从报告中看，政府军比叛军更有可能实施大规模的、极端残酷的性暴力。[63]

他们还着手驳斥了在非洲的战争中特别容易出现性暴力的观点。诚然，撒哈拉以南的非洲大陆"经历了最多的国内冲突"，但"在该地区中，只有36%（28场战争中的10场）的战争中出现了大规模的战时性暴力"。相比之下，在东欧的武装冲突中，有44%（9场战争中的4场）"出现了大规模的性暴力"。用他们的话说就是，"如果平均到每场冲突中，东欧的内战比撒哈拉以南非洲大陆上的冲突更有可能出现大规模的性暴力事件"。[64] 此外，在非洲的战争中，64%的国家行为体实施了性暴力，而反叛组织和民兵组织的这一比例不到三分之一。[65] 这一发现令人惊讶。他们对此的解释是，因为反叛组织更依赖当地人提供的食物、水和其他资源，所以不与当地人为敌对他们来说很重要。而且，如果他们以后掌握政权，可能会需要这些人的支持。

还有两种偏见也强化了关于"非洲战争"的错误假设。首先是媒体在报道对战时施暴者的审判时，存在偏见。这是研究跨国法律问题的学者马克·A.德波提出的批评。在卢旺达种族灭绝事件结束之后，他注意到西方关注的是在国际法庭而非地方法庭上受审的胡图族男女。例如，许多法律评论人士声称，宝莲·尼拉马苏胡科（在本书第五章中讨论过）是第一个因种族灭绝罪和强奸罪而被判刑的女性。这种说法忽略了数以千计的在卢旺达法庭上受审的其他女性。其中之一是阿涅斯·恩塔马比亚里罗（Agnès Ntamabyaliro），她也是政府内阁中备受瞩目的部长，因种族灭绝罪被判处无期徒刑。德波指出——

> 这揭示出一种强大的倾向，即把国际正义视为唯一的正义，或者至少视为最佳的正义形式的象征。这种倾向加剧了对国家自发行动的忽视，特别是对战后社会本身采取的行动的忽视。

这种倾向强化了"对于开明的国际主义胜过笨拙的地方主义的大肆吹嘘"。[66]

另外，大肆报道在地缘政治中的南方国家里发生的性暴力，可能会加强对"喜欢实施性暴力的黑人男性""喜欢使用性暴力的族群"和"父权主义的非洲文化"的刻板印象。例如，很多对于刚果冲突的研究都陷入了一种由"原始的黑暗之心"驱动的"康拉德式的景观"。[67]对于西方那些性暴力的施暴者，人们会东拉西扯地说他们是"害群之马"或者是患有创伤后应激障碍（PTSD）的人；要是地缘政治中的南方国家的武装人员实施了同样的性暴力，却被解释为所谓的"性暴力文化"。

对于在武装冲突中实施性暴力的"黑人"的负面报道，可以与做出了同样行为的"白人"的报道相比较。把非洲人的性暴力解释为非洲文化的一部分，而对于美国军队的大规模强奸和其他暴行，就不这样解释了。我们在本书第一章讨论 1971 年的"冬兵调查"时谈到过这一点。这些美国士兵为自己的性暴力辩解，将其归咎于种族主义、同侪压力、对环境不熟悉、缺乏训练、打击报复、军事领导不力和创伤后应激障碍等。他们唯独没有提到"美国文化"。

这并不是要否认"战斗中的压力因素"这一现实。但它指出了在美军部署和训练期间，士兵们实施的性暴力中，"美国文化"扮演的附加角色。无论是在"冬兵调查"中，还是在其他数千次类似的询问中，这些男性士兵都承认，他们对越南妇女实施了性暴力和其他暴行，但同时也对自己的战友实施过性暴力。一项对558名曾在越南服役的美国女性的调查显示，她们中48%的人在服役期间遭受过男性战友的暴力行为。30%的人在服役期间遭到过强奸，35%的人遭到过身体攻击，16%的人同时遭到过强奸和身体攻击。[68]今天，在美国军队中，30%至40%的女性曾经被自己的战友性侵过。[69]换句话说，在实施性暴力时，男性针对的是性别；当面对政府指定的敌人时，他们针对的是种族以及性别。

余波

对强奸事件的大肆渲染，在政治上很有用。它不仅可以动员人们支持武装冲突，而且可以在战后重建对战争的记忆。这一做法在1945年后的西德表现得尤为突出，它的建国神话围绕"亚洲的游牧部落"强奸了"无辜"的德国妇女而建立，由此忽略了德国妇女在大屠杀中的积极参与。[70]它还歪曲了德军士兵在东线犯下的那些骇人听闻的暴行背后的动机。正如历史学家海德·菲伦巴赫（Heide Fehrenbach）所说的那样，德国军队并没有被描绘成"为希特勒而战的坚定的纳粹战士，而是绝望的丈夫、父亲、兄弟和儿子，只是在试图保护他们的女人和家庭免受野蛮敌人的残酷报复"。[71]

第二次世界大战后，在苏联、东德和匈牙利这些国家，强奸叙事都发挥了类似的政治功能。直到东欧解体后，许多人才觉得可以谈论战争中的性暴力了。对新闻和大众媒体的严格管制，让他们无法报道这些悲惨事件。在匈牙利，如果你讨论大规模强奸，你就会被视为在政治上攻击共产主义。[72]对于匈牙利的许多犹太人和另一些人来说，谈论红军实施的大规模强奸是保守的民族主义者的无耻尝试，他们想要人民忘记，匈牙利人在宣传法西斯意识形态和支持大屠杀方面曾经多么积极。[73]

从战后重建社会的角度来看，积极的"遗忘"通常是合理的。孟加拉族的一名自由战士在谈到1971年孟加拉国脱离巴基斯坦的独立战争时，表达的正是这个意思。他承认，"可以在某种程度上谈论妇女和强奸这类事情"，但不应该鼓励这样做。毕竟，他说，"这场战争应该作为孟加拉国战胜巴基斯坦的辉煌胜利而载入史册。战争中确实发生过强奸。但这不是要告诉下一代的事情"。[74]

在战争的余波中，承认曾经发生过大规模强奸事件可能非常不受欢迎。因为它不仅分散了人们对英雄叙事的注意力，甚至会被看成背信弃义的行为。这就是近藤一的发现。当他揭露过去的暴行时，极端的民族主义者嘲笑他，称他是叛徒，玷污了日本军队的荣誉。[75]正如我们在本章开头看到的那样，战争结束后，那些劫后余生的日军性奴也被视为"通敌者"。[76]

胜利者可以要求被他们"拯救"的女性与他们发生性关系，作为对他们的"奖励"。一些卢旺达种族灭绝事件的幸存者被安置在由卢旺达爱国军（Rwandan Patriotic Army）成员守卫的难民营的时候，就发现了这一点。[77] 来自国际非政府组织和人道主义救援组织的工作人员对他们的威胁也越来越大。这些人利用了战后社会中女性无人保护、易受伤害的特点。在2005—2017年，约有2000起由联合国维和人员实施性暴力的报告。[78] 在利比里亚首都蒙罗维亚，2012年的一项调查显示，44%的女性受调查对象承认，曾与联合国维和人员发生过性交易。[79]

军事冲突之后仍有持续不断的性暴力，这种情况并不令人意外。那些从战场上下来的战士往往会经历严重的创伤后应激障碍，他们通常会酗酒、吸毒以及失业。在战争期间，他们已经习惯了使用暴力来达到目的。在难民营里，被打败的男人们常常感到沮丧和愤怒；他们很喜欢在妇女身上重新找回自己的权威。

★

战争中性暴力的受害者不可能永远保持沉默，但有时需要等待几十年的时间才能得到承认。我在本章开头提到的韩国"慰安妇"，不仅是发起抗议活动并保存历史记忆的突出例子，也是跨国合作的优秀案例。这一点可以从 2011 年竖立慰安妇雕像的活动中得到证明。这座雕像又名"和平少女像"，是韩国艺术家金运成（Kim Eunsung）和金曙炅（Kim Seokyung）的作品。然而，这个想法最初来自韩国挺身队问题对策协议会。这是一个非政府组织，自 1992 年以来，定期在首尔的日本大使馆前组织抗议活动。这座雕像是一座铜质雕像，用以向战争中性暴力的幸存者致敬。雕像中，一名曾是性奴隶的年轻韩国女孩赤脚坐在椅子上。她身后的影子是她几十年后的样子——一个过早衰老的女人。女孩双拳紧攥，头发凌乱。艺术历史学家权圣妍解释说，坐在她肩膀上的鸟"象征着受害者的精神……它无法离开再次转世，因为问题还没有解决"。[80] 在年轻的"慰安妇"旁边还有一把椅子——它是空的。

慰安妇雕像引起了人们的共鸣。游客们抚摸着铜质的"慰安妇"。冬天，人们在她的脖子上围上围巾，或者为她冰冷的双脚穿上袜子。他们用鲜花装饰那把空椅子。在伦敦、慕尼黑和芝加哥的公共广场上，行为艺术家把自己变成了

"活的慰安妇雕像"。[81]

历任韩国和日本政府都试图摆脱慰安妇雕像。2015年，韩国政府甚至与日本政府达成协议，日方出资10亿日元建立和解与治愈基金会（Foundation for Reconciliation and Healing），希望"借此可以拆除"日本大使馆前的雕像。[82] 社会活动人士怒不可遏。人们聚集在原雕像和雕像复制品前。在韩国东部东区的慰安妇雕像复制品前举行的一场抗议活动中，一名抗议人士抱着雕像，阻止警察将其运走。这张照片引发了公众的广泛同情，迫使城市管理者做出让步。[83] 在首尔，梨花女子高中的学生们甚至成立了"手斧"社团（Chumŏktokki），在100所学校安装慰安妇雕像的复制品。一位学生在接受权圣妍采访时说："这位慰安妇当年就是我们现在的年纪。她们不就是过去的我们吗？"[84]

虽然慰安妇雕像一直是韩国反强奸运动和和平主义活动的焦点，但这些曾做过"慰安妇"的人并没有躲在过去的阴影中。她们对其他受到性虐待的韩国女性发出了声援。这些人包括为驻韩美军基地的士兵提供服务的性工作者、低薪劳工和仆人，以及在统一教（reunification）运动期间被监禁的人。[85] 她们的行动跨越国界，团结了更多的人。这些曾经的"慰安妇"很快就意识到，她们让自己的痛苦得到承认的努力，和世界上其他地区战争中的性暴力受害者的努力是一致的。正如"慰安妇"幸存者金福东（Kim Bok-Dong）所说的那样,"回忆过去并且公开讲述我的痛苦经历仍然让我痛苦",但"通过参加世界各地的研讨会,分享我的经历,与各种各样的人见面,我开始认识到,有很多人像我一样遭受过痛苦。"[86] 金福东和幸存者吉元玉(Gil Won-ok)一起成立了蝴蝶基金会(*Nabi Kigeum*),为其他幸存的受害者(比如刚果的受害者)募集资金。她们解释说,这个基金会旨在"制止武装冲突中针对妇女的性暴力,促进我们和我们的朋友之间的团结,纠正历史错误,治愈受害者的伤口,维护真相和正义"。她们选择蝴蝶作为基金会的象征,因为"蝴蝶用尽全力扇动翅膀,飞向高空,飞向没有歧视、征服和暴力的地方"。[87]

从另一个方向也伸来了声援之手。日本的女性主义者认识到,她们需要做的不仅是承认日本男人和日本女人带给其他女性的痛苦,还必须为正义而工作。铃木优子(Suzuki Yuko)解释说:"纠正这些韩国女性受到的不公正待遇,与我们自身的解放紧密相连,因为它会肯定我们作为女性的身份,以及关心他人的爱心。"[88] 印度的达利特妇女也有类似的反应。印度主流的女性主义者基于种姓偏见,忽视了达利特妇女们的需求。达利特的社会活动人士对此感到失望,他们希望建立与韩国"慰安妇"一样团结的群体。1994年,在东京举行的亚洲妇女人权法庭为她们提供了对话的机会。露丝·马诺拉玛(Ruth Manorama)和巴巴马·巴萨帕（Babamma Basappa）前往东京分享她们的经验和专业知识。马诺拉玛是来自班加罗尔的达利特妇女权利活动家，后来建立了全国达利特妇女联合会。巴萨帕来自印度南部的卡纳塔克邦，曾经是印度教寺庙中的一名"神的侍女"（devadasi，民间也称"圣女"）。这是一种基于种姓的卖淫形式，年轻女孩被奉献给女神，终生在寺庙里服务。马诺拉玛、巴萨帕和以前的"慰安妇"开始发现，基于种姓的性奴役和战争中的性奴役有相似之处。历史学家、人类学家普尔维·梅赫塔（Purvi Mehta）后来解释说，这两种形式的性暴力都是以种姓和等级为基础的，它们构成了实施性暴力的"文化机制"。[89]在亚洲妇女人权法庭上，一位社会活动人士指出——

> 女性是站在权力的边缘说话的。她们知道站在权力的边缘看到的世界，与我们看到的不同。我们需要找到一个新的领域，和其他人——原住民、达利特人、残疾人、无家可归者——一起在边缘行走。[90]

通过成为全球人权活动家，性奴隶们会发现，自己获得了力量。

第八章 心理创伤

今天，我们都知道，所有性暴力的受害者心理都会受到创伤，这已经成为一种常识。强奸会造成极具破坏力的心理创伤。人们对此高度关注，比其他任何身体上或者社会上受到的伤害都要重视。强奸会造成心理创伤的观念根深蒂固，以至于人们认为，那些声称自己没有在情感上受到影响的强奸受害者只是在"拒绝接受"，创伤迟早会显现，要警惕后续的反应。一些心理治疗师甚至认为，所有女性都是创伤后应激障碍或者"隐性创伤"的受害者。正如一位女性主义者所说的那样，每个女性都是创伤后应激障碍的受害者，因为她们知道，她们"随时可能遭到强奸"。[1]

创伤后应激障碍，更具体地说，强奸创伤综合征（Rape Trauma Syndrome）已经成为描述受害者时不可或缺的词汇，质疑它似乎有悖常理。但在本章，我们正是要质疑这件事。本章的核心主张是，对于强奸给受害者带来的影响，西方今天的观点首先在历史上、其次在文化上都是有问题的。因此，我在本章中提到"强奸"时，我会使用"坏事件"（bad event）这个术语，而不是"创伤事件"（traumatic event）。显然，这并不是在否认，在不同地区的不同历史阶段，受害者在遭受性暴力后会经历强烈的痛苦。然而，世界各地对于性侵的说法和观念，对它的严重性的认识以及身体上的反应并不一致。人们在身体和情感上对于强奸这样的"坏事件"的反应，并非历史和文化上的表层特征：它们深刻地影响了人们对"坏事件"的看法和体验。因此，在考虑个体治愈和社会转型的策略时，还要考虑它们的影响。

历史上对于强奸的反应

在 19 世纪的前几十年，以棉纺厂为中心的工业革命逐渐把英国的曼彻斯特变成了一座"世界工厂"。对于贫穷的工人来说，这是一段动荡不安的时期。对儿童和妇女的剥削尤其令人发指：他们不仅工作时间长，而且工作条件极端恶劣。不仅如此，妇女们还要应付那些与她们打交道的男性流露出的厌女情绪。然而，17 岁的未婚棉纺厂女工玛丽·安·怀伊（Mary Ann Houay）被 5 个年轻男子强奸的事件还是引起了社会震惊。报纸同意刊登怀伊"忧郁的叙述"，但要"尽量删减骇人听闻的细节，达到可以见报的程度"。

怀伊的悲惨经历发生在 1833 年 10 月 9 日星期三。下午 3 点左右，她离开棉纺厂回家（她当时在工厂里工作了一段时间）。几个小时后，她母亲派她出去办点事，之后她来到莫兰德先生的工厂外面打算见一个朋友。看到莫兰德工厂的工人还没有下班，她于是转身回家——不料却被大卫·泰特利拦住搭讪，试图说服她一起去个地方。她断然拒绝了。这时约翰·阿姆斯特朗也走了过来。有了同伴后，这两个男人的胆子变大了。他们把她推到附近的荒地上，把她摔倒在地，粗暴地扼住她的喉咙，强奸了她。在短暂清醒的记忆片段里，怀伊意识到还有 3 个男人也参与了强奸。他们是 20 岁的约翰·奥彭肖（5 个人里年龄最大的一个）、约翰·科克和约瑟夫·韦林斯。他们每个人都强奸了她好几次。最后一次，奥彭肖翻过她赤裸的身体，让她趴在地上，"用皮带狠狠地抽了她一顿"，然后，"还在她身上撒了泡尿"。

侵犯怀伊的人很快就被抓住了。这不仅是因为她认识泰特利和科克（他们在工厂里一起工作），还因为这5个年轻人公开炫耀他们做的事情。怀伊遭到强奸后的第二天早上，韦林斯、科克和奥彭肖"开玩笑似的说着昨天发生的事情"，吹嘘他们"和棉纺厂那个疯女人逗了逗闷子"。他们为自己的暴行感到骄傲，甚至带了一个男性朋友去荒地指认他们实施强奸的地点。这个朋友作证说："他们都笑得很开心，把这件事当作一个极好笑的笑话来讨论。"

在法庭上，这些年轻人就没那么开心了。科克在被捕后不久对警察说，他真希望当初杀了那个"傻丫头"。然而，在法庭上，他表现得"恭敬得体"，但当他得知可能会被处死时开始"痛哭流涕"。泰特利表现得"愤怒而急躁"，"似乎没有意识到自己处境堪忧"。韦林斯表现得"很有礼貌"，但很容易因为法庭上发生的事而分心。似乎只有18岁的阿姆斯特朗（记者称他为"不幸的年轻人"）意识到了自己可能的命运。他"被强烈的情绪压垮"，经常"泪流满面"，"如果不及时补充水分"的话恐怕会晕倒。记者们惊讶地发现，除了奥彭肖，他们"都是长相英俊的年轻人，从外表上看不出半点邪恶的嫌疑"。

这起"暴行"的肇事者都这么年轻，而且有工作，看起来也不像残忍的强奸犯；所有这些都可能会让法庭成员对怀伊的证词产生怀疑。而且，怀伊在轮奸案发生后的行为也可能会引起质疑。她没有立即向警方报告自己遭受的残忍性暴力。她承认自己"羞于"告诉母亲。她甚至在明明知道很可能会遇到至少那两个施暴者的情况下，还是在第二天去上班了。然而，怀伊终于感到"身体很不舒服，有时会突然失明，看不见眼前的工作"。心情苦闷加上身体上的这些征兆，促使她把这件事告诉了已婚的姐姐，她的姐姐这才向警察报了案。

尽管年轻的袭击者们看起来很无辜，尽管缺乏确凿的证据，尽管怀伊作为未婚的棉纺厂工人社会地位很低，尽管她没有及时报告这起"暴行"，但人们依然认为，她的叙述是完全真实可信的。这是因为怀伊符合19世纪早期英国对"真正"的强奸受害者的许多刻板印象。记者们观察到，她"身材纤弱"，"虽然谈不上端庄健美，但朴实无华，绝不是不讨人喜欢的那种人"。而且她的一举一动也符合19世纪30年代人们认为的"真正"的受害者的方式。"可怜"的受害者"身体上的不适"（她在开庭的第一天无法出庭）对她有利。事实上，当她出庭时，"人们不断用酒、盐和各种滋补品维持她的体力，以防她心力交瘁而昏倒"。[2]

对于19世纪早期的英国人来说，怀伊对于强奸案的描述是可信的，但他们认为可信的原因与今天西方人认为可信的原因非常不同。尤其是，怀伊的描述明显偏离了现代的"心理创伤"式的模式。在怀伊的描述中，最重要的一点是她坚持说她在整个过程中"精神恍惚"。在19世纪的英国，人们坚信强奸受害者在被强奸时必定处于一种"精神恍惚"的状态。这里的关键是，"精神恍惚"不一定意味着没有意识。更确切地说，"精神恍惚"在生理上伤害了神经系统：

造成了躯体上的痛苦,导致整个人"昏昏沉沉"。如果一个人没有处于"精神恍惚"的状态中,那么她的身体就会充满活力,或者会引诱别人强奸她,或者可以抵抗任何侵犯。只有"精神恍惚"的受害者才能证明她受到了"真正"的强奸。案件中强调怀伊"身材纤弱",不仅证明了她无力抵抗强奸犯,而且非常重要地证明了她"朴实无华"的美德。只有"神经易受折磨""精神恍惚"的身体,才有资格证明自己受到了性侵。

对于现代人来说,只有像怀伊这样声称自己"精神恍惚"的受害者才有资格谈论她们受到强奸的经历,这种论点有些奇怪。在现代的概念中,癔症(hysteria,也就是我们通常说的"歇斯底里症")的表现通常包括无法表达自己受到的可怕伤害,或者表达混乱;而在早期,癔症则意味着能够真实地表达遭受的痛苦。具有讽刺意味的是,正是这种"精神恍惚"的身体才使她们有资格谈论受到的侵犯:因为这样的身体为这些女人的美德提供了无可争辩的证明。

怀伊的失明也证明了她叙述的真实性。今天的临床医生会将创伤后身体出现的症状(比如失明)称为某种形式的"转换性癔症"(conversion hysteria):也就是说,因为受到创伤的受害者不想"看到"已经发生在自己身上的事情,所以把这种愿望真正"转化"为"看不见"——也就是失明。"转换性癔症"在今天的西方并不常见——也许是因为"坏事件"造成的心理反应广为人知,所以这种基本的生理反应显得多余。但在19世纪的英国,人们认为精神上的痛苦引起生理上的疾病是"显而易见"的。事实上,人们认为身体和精神是不可分割的整体，精神上的痛苦将不可避免地反映在身体上。

最后一点，人们把怀伊的故事描述为一个"忧郁的叙述"。在当时，人们认为像忧郁这样的精神失调是由神经系统停止感应或者过度感应造成的，它对精神系统的病症或者体内的癔症有着直接的影响。对怀伊身体的残忍侵犯将不可避免地影响她的神经系统，使她陷入忧郁。

"心理创伤"诊断的发明之路

怀伊在 1833 年遭到性侵后的反应方式，和 19 世纪后期发展起来的"心理创伤"式的反应方式完全不同。我们今天熟悉的"心理创伤"式的反应方式，基本上是 19 世纪 60 年代发明出来的。在怀伊的时代，创伤（希腊语"τραυμα"）这个词保留了它最初希腊语的原意，意思是身体上的伤害。当今在医院的急诊室里，"创伤病房"（trauma wards）一词仍然保留了这个意思。

然而，在 1866 年，英国外科医生约翰·埃里克·埃里克森重新定义了"创伤"一词，将它的意思从外部的伤口转变为内部的"心理"创伤。他观察了人们在铁路事故后的反应，于是做出了这一改变（当时的铁路还是一种令人焦虑和担心的新技术）。埃里克森认为，做噩梦、无法控制的颤抖等症状不是由身体受到的伤害引起的，而是由心理受到的伤害引起的。他识别出了一种对外部"坏事件"的内在心理反应。从那时起，"心理创伤"就迅速成为西方世界理解自我的一个主流概念，很快被应用在每一起"坏事件"上。人们假定每一起"坏事件"都会造成心理创伤——以至于人们把"坏事件"称为"创伤事件"：它们的主观体验就是"创伤"。换句话说，即使在西方，在19世纪60年代之前，人们对"坏事件"的反应也不是现在我们所说的心理创伤。

在欧洲精神病学的文献中，性暴力会造成精神创伤的观点受到普遍认可。在1787年的《关于性侵犯的法医调查》（*Étude médico-légale sur les attentats aux mœurs*）中，著名的法国法医安布鲁瓦兹·塔雕（Ambroise Tardieu）记录了数百起性虐待案件（主要是针对儿童的），仔细描述了性侵犯造成的严重精神问题。[3] 法国神经学家让-马丁·沙可（Jean-Martin Charcot）从来没有把性侵作为他的女性病人神经衰弱的原因（这也许并不奇怪，因为对沙可来说，"坏事件"只是一个触发器，根本还是遗传下来的病理异常），但西格蒙德·弗洛伊德*在他工作的基础上，建立起了这种联系。弗洛伊德在早期的工作中坚持认为，"癔症的根本原因是成年人对儿童的性诱惑"。[4] 法国心理学先驱皮埃尔·雅内（Pierre Janet）和匈牙利精神分析学家桑多尔·费伦齐（Sándor Ferenczi）的工作也提供了无数关于性侵犯对精神影响的例子。[5]

尽管学者开始研究强奸对受害者的心理影响，尽管人们在谈论

---

* 西格蒙德·弗洛伊德（Sigmund Freud，1856—1939），奥地利精神病医师、心理学家、精神分析学派创始人。

对强奸这类"坏事件"的反应时，越来越多地使用了"心理创伤"这个概念，但直到 20 世纪 70 年代女性主义运动的第二波浪潮兴起前，在英国和北美，人们对于大多数强奸受害者的治疗方式几乎没有改变。事实上，对于欧洲关于强奸造成心理创伤的这种理论上的、受精神分析方法启发的研究，英美的许多医学专业人员并没有理会。20 世纪 60 年代初，在美国进行的一项研究表明，即使在性犯罪高发地区，卫生部门也没有为强奸受害者提供"后续援助"的计划。[6] 1974 年，一支由美国杰出的医生、医院管理者和其他医务工作者组成的专家小组在开会讨论对强奸受害者的心理救助时发现，在接受调查的 66 家医院中，只有两家医院"意识到强奸受害者可能需要后续的心理服务"，而且"没有一家医院定期提供任何这一类的咨询服务"。[7] 就连这个研讨会的主题都是"关于声称受到强奸的受害者的讨论"——也就是在暗示受害者可能在撒谎。事实上，在美国各地的急诊室和医院里，为强奸受害者提供心理援助的往往是牧师，而不是医护人员。[8]

这种忽视性侵造成心理影响的情况在英国也有体现。甚至到 1957 年，在剑桥大学犯罪学研究所（Cambridge Department of Criminal Science）的一份厚达 548 页、名为《性犯罪》（*Sexual Offences*）的调查报告中，关于强奸受害者的情绪反应也只有寥寥数语。就连这寥寥数语还是嵌在"对受害者身体造成的伤害"这一章中提及的，而这一章的重点说的是受害者在身体上受到的伤害、性病的传播以及怀孕。[9]

进入20世纪70年代和80年代,由于女性主义者给人留下深刻印象的论证及游说,这种情况发生了改变。其中两位先驱是精神病科护士安·沃尔伯特·伯吉斯(Ann Wolbert Burgess)以及社会学家琳达·利特尔·霍姆斯特姆(Lynda Lytle Holmstrom)。二人在1972年相遇,并决心改变强奸受害者的生活。她们开始在波士顿市立医院的急诊室工作,为强奸受害者提供危机咨询、电话跟踪和法庭支持服务。她们总共和146名强奸受害者进行了交谈。[10]1974年,伯吉斯和霍姆斯特姆在著名的《美国精神病学期刊》(*American Journal of Psychiatry*)上发表了一篇文章,公布了她们的发现。这篇文章后来成为20世纪性暴力史上具有影响力的医学文章之一。这篇名为《强奸创伤综合征》的文章详细分析了波士顿市立医院急诊室收治的92名强奸受害者的情况。最重要的是,她们提出了一种新的诊断,称为"强奸创伤综合征",她们将其定义为"对危及生命的情况做出的急性应激反应"。[11]

为什么"强奸创伤综合征"的诊断发明如此重要?第一,在此之前,成年女性遭到强奸后的强烈反应被看作一种病态:人们认为这些人患有癔症,甚至可能是花痴、色情狂。内科医生、精神病学家、精神分析学家和性科学家通常认为,那些在报案遭到性侵后表现得"歇斯底里"的女性一定是在诬告。而伯吉斯和霍姆斯特姆坚持认为,遭到性侵后出现极端情绪障碍是正常的。她们注意到,在遭到性侵后,妇女的反应各种各样,其中任何一种都不应该用来否认她们遭受侵犯的事实。她们不是最早提出这种观点的人。4年前，桑德拉·萨瑟兰（Sandra Sutherland）和唐纳德·J.谢尔（Donald J. Scherl）在《美国行为精神病学杂志》（*American Journal of Orthopsychiatry*）上发表了一篇文章，题为《强奸受害者的反应模式》（*Patterns of Response among Victims of Rape*），首次尝试描述遭到性侵后"正常"的及可以预测的心理反应。[12] 但伯吉斯和霍姆斯特姆则更进一步，她们拿出了更多的证据，随后还在众多的医学期刊上宣传普及。她们勇敢地强调，对于一些受害者来说，就连大笑也可能是一种适当的应对手段。

第二，借助伯吉斯和霍姆斯特姆的研究成果，女性主义者可以大规模地抨击医生对于女性情绪反应的经常性忽视。从20世纪70年代起，对于女性在报告遭到性侵后受到的不公正对待，出现了大量的投诉。然而，伯吉斯和霍姆斯特姆并不只是想简单地把强奸受害者归入更宽泛的心理创伤这个类别当中。她们坚持认为，性侵犯这种人身攻击具有特殊性，它不是普通的"坏事件"（像车祸或滑雪事故）。任何对这种病症的诊断都必须公正地看待女性的性征和性行为，所以它应该叫作"强奸创伤综合征"。

第三，对于"强奸创伤综合征"的患者，需要找出一种全新的治疗方法：治疗不能在受害者离开急诊室时就停止。医生和医疗专业人员（主要是男性）因为太忙，无力关心他人，不适合提供危机后的关怀服务，所以护士对强奸受害者的康复至关重要。必须对护士进行培训；授予有资格的人相应的职位。后来出现了法医护理这个专业。20世纪70年代末，美国有4个州首次引进了性侵犯护理审查员（Sexual Assault Nurse Examiners）这个职业。在 20 年内，在美国和加拿大有 86 个性侵犯护理审查员的项目正在开展。[13]1974 年，伯吉斯和霍姆斯特姆出版了《强奸：危机的受害者》(*Rape: Victims of Crisis*)一书，这是一部具有里程碑意义的书籍。5 年后，她们重新再版了这本书，名为《强奸：危机与复苏》(*Rape: Crisis and Recovery*)。从书名的变化中也可以看出，公众的态度和实际工作的变化速度。

在英国也可以看到类似的趋势。从 1976 年起，英国的社会活动人士就开始在综合医院和当地社区开设"强奸危机援助中心"，向受害者提供身体方面的救助和心理方面的咨询。[14]1985 年，伊恩·布莱尔（Ian Blair）警官——他后来成为伦敦大都会警察局局长，是伦敦大都会警察局最高级别的官员——出版了《强奸调查：警务工作新思路》(*Investigating Rape: A New Approach for Police*)一书，推动警察系统接受了强奸创伤综合征的说法。布莱尔感叹道，与美国不同，"在英国，人们似乎对强奸创伤综合征知之甚少"。他认真阅读了伯吉斯和霍姆斯特姆的研究，不仅相信强奸创伤综合征真实存在，而且认为警察需要经过培训才能识别它。他强调，这种培训很关键，因为警察对待受害者的方式——

> 会对她们受到创伤的严重程度产生重大影响。无论警察的处理是增加还是减少了她们的内疚感和自责感，都会影响她们提供证据的能力以及提供证据的有效性。[15]

然而，事情并非一帆风顺。尽管伯吉斯和霍姆斯特姆认为强奸受害者的各种不同反应都是正常的，但在实践中，强奸创伤综合征却被认为是一种精神病学上的疾病，强奸受害者会因此被看成病人。作为一种疾病，强奸创伤综合征最终被创伤后应激障碍所取代。1980 年，创伤后应激障碍被列入第三版《精神疾病诊断与统计手册》(*Diagnostic and Statistical Manual of Mental Disorders*) 当中。这本手册被奉为美国精神病学的"圣经"，在疾病诊断领域拥有绝对的权威地位。创伤后应激障碍的症状包括对"坏事件"的痛苦和侵入性的记忆、做噩梦、游离状态、精神麻木、与他人疏远的感觉、过度的自主神经兴奋、记忆受损、注意力难以集中，以及幸存者的内疚（在有人死亡的情况下）。[16]

当年的美国士兵从越南返回后，会受到战争回忆的折磨。在这种背景下，发展出对创伤后应激障碍的诊断。退伍军人对把这种疾病列入《精神疾病诊断与统计手册》非常积极，一直在积极游说。部分原因是，这么做可以帮助他们获得医疗保险和咨询服务。然而，从定义上看，创伤后应激障碍既与战争有关，也与强奸有关。根据第三版《精神疾病诊断与统计手册》的说法，创伤后应激障碍的"基本特征"是"在超出正常人际关系的心理创伤事件发生后，出现的具有某些特征的症状"。按照它的定义，"创伤可以是单独经历的（遭到强奸或侵犯），也可以是一群人一起经历的（战场上的战斗）"。[17] 尽管手册中还列出了其他可能引起创伤的"坏事件"，但战场上的战斗和强奸始终是最重要的诊断依据。它们是最主要的创伤

来源：对男人来说，是战场上的战斗；对女人来说，是强奸。

"文化束缚综合征"

我们在本章的开头，探讨了历史上对"坏事件"的不同反应。在1833年被强奸后，玛丽·安·怀伊受到癔症的影响，变得"精神恍惚"。随之而来的是，她在精神上的痛苦影响到了身体，表现为失明和"昏昏沉沉"。我把这种反应和对"坏事件"的心理创伤式的反应做了对比。这种心理创伤式的反应是19世纪60年代发展起来的，但直到20世纪70年代，才用在女性强奸受害者身上。到了1980年，强奸创伤综合征又演变成创伤后应激障碍。与对强奸等"坏事件"造成的身体不适和"精神恍惚"的理解相反，心理创伤模型强调的是内在的、心理上的"伤口"。

然而，这个模型有一个问题：即使在今天，心理创伤模型也不适用于所有人。这是一种以欧洲为中心的、在发达国家采用的对"坏事件"的反应的描述。那些根据《精神疾病诊断与统计手册》的叙述，可以判断为创伤后应激障碍的症状，都与文化有关。换句话说，这些症状不是基于"自然"的或普遍的生理特征而出现的，而是受到了文化的影响，在某些文化中才有的。[18]

在不同的文化中，对强奸等"坏事件"的反应会有很大的差别，这一点并不奇怪。正如我在《痛苦的故事》(The Story of Pain)一书中所说的那样，这并不是一个人先"感觉"或经历一个"坏事件"，然后情感、认知和人际交流过程才"参与进来"，应对和解释这件事的。情感、认知和人际交流是同步参与进来的，并且彼此会不断对话。心理创伤并不是和个人、社会以及环境无关的、强加在人身上的东西。换句话说，性侵对一个人造成的伤害和痛苦，和周围的环境、人们的信念以及人际互动有很大关系。诉说痛苦的语言（无论是对自己还是对他人）来自身体上的体验和环境上的互动。在构成痛苦体验的交流过程和社会互动中，身体体验会主动嵌入其中。在创造身体体验和沟通语言的过程中，文化发挥着重要作用。[19] 简而言之，受害者世界中的一切，都影响了受害者对强奸的反应。

自20世纪中叶以来，人们一直在研究不同文化对"坏事件"（比如暴力和疾病）的不同反应。这一研究从20世纪90年代开始，成为精神病学的一个主要研究方向。[20]1961年，在第三届世界精神病学大会上，这一研究领域引起了临床医学的注意。精神病学家叶宝明（Pow Meng Yap）谈到了"非典型的文化束缚、心因性的精神疾病"。几年后，他把这个概念扩大为"文化束缚综合征"（Culture-Bound Syndromes）——这个术语以及"痛苦的习惯表达"（idioms of distress），都是我们今天使用的术语。[21] 正如人类学家阿瑟·克莱曼（Arthur Kleinman）在1987年所解释的那样，文化束缚综合征以及对它的诊断是有基本前提的。如果把"针对特定文化群体的疾病类型"应用到"不同的、有效性尚未得到证明的文化群体上"，就是"类别谬误"。[22]

其中，对于创伤后应激障碍的诊断，不断引起了人们的批评。在战争、酷刑和强奸等"坏事件"发生后，所有人都会出现创伤后应激障碍对应的症状吗？酷刑受害者看护医疗基金会的德里克·萨默菲尔德（Derek Summerfield）坚持认为，并非如此。他认为，尽管在波斯尼亚和卢旺达冲突期间发生了大规模的谋杀和强奸事件，但创伤后应激障碍是一种"假想出来的疾病"。[23] 萨默菲尔德与尼加拉瓜战争期间遭受过暴力甚至强奸的农民有过多次接触，经验丰富。他坚持认为，重要的是认识到，尽管某些症状可能看起来与人们在其他受到压力的环境下出现的症状相似，但这些症状附加的意义有很大不同。他承认，在流离失所的农民中，"普遍都有创伤后应激障碍对应的症状"，但这些症状——

> 并不是这些人关心的事情。无疑，这些人充满了恐惧、悲伤和疲惫，但对他们来说，心理创伤没有任何意义；面对贫困和持续不断的遭受袭击的威胁，他们只有拼尽全力，去积极有效地维护着自己的一小方世界。[24]

在对尼泊尔的研究中，布兰登·科尔特（Brandon Kohrt）和丹尼尔·J.赫鲁施卡（Daniel J. Hruschka）也强调了这一点。他们坚持认为，如果研究人员寻找的是创伤后应激障碍，那么他们在所有遭受痛苦的人群中都可以找到。然而，"仅在人群中识别出创伤后应激障碍的症状，对于治疗的价值是存疑的……要开展有效的治疗，必须理解与创伤事件有关的个人或社会的意义，以及痛苦的经历"。[25] 他们指出，如果忽视了当地的心理结构，"就可能出现意想不到的后果，比如贬低当地的心理救援体系，把这些易受伤害的人看作病人，污名化她们，并且把资源从社会以及心理结构的救援体系中转走"。[26]

其他研究人员也得出了类似的结论，人类对"坏事件"的反应很可能还有和西方人不一样的方式。例如，在撒哈拉以南的非洲地区，有心理问题的人会表现出身体上的不适。[27]在秘鲁，光辉道路游击队（Shining Path guerrillas）和秘鲁镇压叛乱分子的军队曾经使用异常残酷的暴力（包括性暴力）对付说盖丘亚语的安第斯土著。在这些土著里，有四分之一的人表现出创伤后应激障碍的症状，但他们也抱怨说有"llaki"和"ñakary"等症状，这些症状并没有对应的英文翻译（这两个词都是"痛苦""苦难"的意思）。[28]在危地马拉，由于长达36年的内战，玛雅人逃离家园，躲避大屠杀、强奸和村庄被夷平的命运。他们出现了"sustos"（意为"失去灵魂"）这样的症状。"一个人在精神虚弱的状态下突然受到惊吓，导致身体和灵魂分离"，就会出现这种症状。[29]这种症状包括身体虚弱、食欲不振、头痛、做噩梦、发烧和腹泻。就治疗而言，"可以由家庭成员或治疗师进行，比如用鸡蛋或草药混合物进行清扫，还有其他治疗仪式，比如召唤善良的灵魂，祈祷失去的灵魂回归"。[30]在危地马拉的冲突中，一些难民经历过"ataques de nervios"，或者叫神经攻击，引起极度愤怒或悲伤。在这种情况下，这些受害者会大喊大叫、心悸、颤抖和晕倒。[31]

与此相似，在拉丁文化中，人们关注的也是"神经"。"坏事件"的受害者会描述自己感到头晕、麻木，四肢变得软弱无力。[32]在利比

里亚、达尔富尔和海地这样的地方，当人们描述他们遭受的痛苦时，主要是用心灵和头脑来比喻。[33] 在东南亚文化中，头部很受尊重，所以痛苦通常表现为头痛。[34] 在日本军队中受到性奴役的朝鲜妇女，表达痛苦的词汇是"한"（Han，意思是怨念），即一种未被承认的不公正造成的无法解决的痛苦和烦恼。"한"的症状包括心悸、头晕、消化不良，以及强烈的压迫感和孤独感。[35] 韩国民众（*minjung*）神学家徐南东（Suh Nam-dong）解释说，这是——

> 遭受不公正后产生的一种无法释怀的、怨恨的感觉，一种在面对无法抵御的强权时产生的无助感，一种牵动全身跟着扭曲的内脏和肠胃的剧痛，以及一种顽固的报复和纠正错误的冲动；是所有这些结合在一起的感觉。[36]

慰安妇们说，她们最大的"한"是不能结婚生子。[37] 在许多亚洲社会里，情绪不稳定与风有关，风会对受害者的身体造成严重的破坏。[38] 在柬埔寨，这种像风一样的物质被称为"*khyâl*"（元气），在健康状态下，它会不断地在体内流动，通过皮肤或打嗝儿自然排出。然而，"坏事件"会导致这种流动停止或转向头部，引起"风邪"。[39] 在遭到强奸后，被诊断为创伤后应激障碍的幸存者与受到"风邪"的幸存者相比，她们忍受的痛苦形式是不同的。她们不仅表现的症状不同，而且周围人的反应也截然不同。[40]

由于文化束缚综合征的存在，受害者表现出来的症状非常不同，但这还只是"心理创伤"模式的一种局限。创伤后应激障碍以西方为中心的特征还体现在它的定义上。第三版《精神疾病诊断与统计手册》坚持把这类事件定义为突发的、影响深远的，"超出正常人际关系的心理创伤事件"。毕竟，这种综合征被称为创伤"后"应激障碍。既然有"后"就有"前"，就有遭受攻击之前的情况。它假定暴力事件是在一定的期限内出现的，和日常生活不同。但在世界上的许多地方，情况并非如此。易受伤害的人群自己可能不会把某件事看成伤害，因为它每天都在发生，太常见了。做噩梦、过度出汗、颤抖和痛苦往事的重现可能同样被解释为日常发生的事情。换句话说，对于一些人来说，类似性暴力这样的"坏事件"太常见了，它们与贫困、父权制和种族偏见等问题有关，"心理创伤"这种应对模式对她们没有多大意义。

此外，在性暴力流行地区，相比心理创伤，坚韧不拔可能是更适当的、符合当地文化的反应。在卢旺达语中（在卢旺达、刚果民主共和国东部和乌干达南部部分地区，至少有1200万人使用这种语言）甚至没有"精神压力"这个词。在遭受了性暴力和杀戮之后，人们强调的是"*kwihangana*"（忍耐）、"*kwongera kubaho*"（重新开始生活）和"*gukomeza ubuzima*"（继续活下去）。[41] 正如一名幸存者所解释的那样——

> 你要坚强，绝不能被痛苦淹没；否则，你会死的。你要赶紧挨过去，不能在痛苦中徘徊。在这个过程中，"*kwihangana*"会把力量带进你的内心……你最终会意识到，受苦的不只你一人，还有其他

人和你一样忍受着痛苦。你会继续忍耐，直到那些感觉远离你。[42]

事实上，临床医学上的心理创伤并不是遭遇性侵后不可避免的后果。例如，在2000年，研究人员对危地马拉36年内战中的难民进行了调查。尽管在内战中，发生了大量的性暴力和其他暴行，但这些难民的韧性很强。难民们用正面词汇描述了他们的健康状况，超过8%的人说他们"健康"或"非常健康"，28%的人说他们的健康状况"很好"，54%的人说"还可以"，只有8%的人说"不好"。[43]

不同版本的《精神疾病诊断与统计手册》的作者们并没有忽视这些文化差异。在第四版手册的准备阶段（它最终于1994年出版），人们越来越意识到，应该确保手册能适用于全球范围，可以指导全球的医学诊断。[44] 因此，作者们也加入了一些"文化束缚综合征"的内容。并非巧合的是，鉴于这本手册以西方为中心，这些特定的文化类别都被放在手册末尾的附录九当中。换句话说，英—欧文化是"标准"的文化，而"其他"文化都是"特殊"的文化，不是"一般性"的文化。怎么安排这些诊断，把它们放在手册中的什么位置，是至关重要的。因为它代表了一个群体（比如美国的精神病学家）把本地人群对于创伤的反应定义为"普遍"的反应，而将其他人群（比如拉丁美洲的人群）的反应定义为"当地"反应的能力。但创伤后应激障碍和其他文化中对于创伤的反应一样，都是一种"当地对于痛苦的习惯表达"，都有社会、政治、医疗和法律方面的渊源。正如批判性精神病学家詹姆斯·菲利普斯（James Phillips）所疑惑的那样，有没有可能"在手册正文的主体部分，一些诊断受到了未被承认的文化差异的影响"？[45] 他认为，文化差异可能"挫败了将这种差异分门别类，然后编入一套工整医学分类的可能性"。然而，"没有分类的创伤后应激障碍让任何人都无法满意"。[46] 实际上，不同版本的《精神疾病诊断与统计手册》所做的都是根据自由主义的西方范式对痛苦进行医学上的分类。2010年，记者亿森·沃特斯（Ethan Watters）在他的《像我们一样疯狂》（*Crazy Like Us*）一书中进一步强调了这一观点，称其为"美国心理的全球化"。[47]

"心理创伤"在政治方面的作用

"心理创伤"这个概念在政治和意识形态方面起着巨大的作用。尽管人们普遍意识到存在着文化束缚综合征，但创伤后应激障碍和强奸创伤综合征的概念已经被输出到了全球。将"心理创伤"这个概念应用在世界各地的强奸受害者身上产生了4个重大后果：它影响了强奸受害者在遭受性侵后的行为方式；导致人们将受害者看作病人；影响了治疗方案；巩固了权力等级。

第一，根据西方精神病学和法律专业人士建立起的这个心理创伤模型，如果强奸受害者希望在报案时获得认真对待，就必须以特定的方式表现自己。它强制人们在这场社会大戏中表演一套小脚本。强奸受害者必须扮演一个受害者的角色：痛苦、被动、内心纯洁。该模型坚持认为强奸受害者受到了心理创伤：根据定义，她们不可能处于良好的精神状态之中。这里也没有怨恨、报复或政治煽动的余地。愤怒的表达会把受害者变成"煽动者"或者"有女性主义诉求的女人"。

人们要求强奸受害者必须表现出心理创伤，这一点瓦解了她们复杂的生活和身份，使她们陷入"强奸空间"当中，或成为"风险的化身"。[48] 人们要求她们用施暴者的行为定义自己，这一定义严重削弱了她们的权利和影响力。受到侵犯变成了一种内心的混乱，而不是一起外部的事件。用女性主义评论家卡里纳·M. 马多罗西安（Carine M. Mardorossian）的话来说就是，"强奸造成的心理创伤无可挽回地、单方向地塑造了她们，因此她们的内心一片混乱，根本无法处理任何事情"。[49] 这种影响对战争时期的强奸受害者尤其严重，因为在这种情况下，往往有多名性暴力和大规模屠杀的施暴者。在造成"心理创伤的压力"中，"强奸"的优先级削弱了受害者的其他体验。她们只剩下一个"强奸受害者"的标签，而失去了无家可归者、失去孩子的母亲，或失去丈夫的寡妇等其他身份。

第二，相比于施暴者，人们把强奸受害者看成了病人。当然，情况并不总是如此。毕竟，把创伤后应激障碍纳入1980年第三版《精神疾病诊断与统计手册》的目的，就是将施暴者变成精神病患者，为他们发放残疾人抚恤金并进行精神病治疗。然而，在最近的几十年里，把施暴者看成病人的做法已经让位给了把受害者看成病人的做法。尽管人们仍然认为"强奸陌生人"的性虐待狂患有"精神疾病"，但他们已经开始用社会学术语讨论"普通"的施暴者了。也就是说，用危机情况下的权力动态或者男子气概的笼统特征来讨论他们了。他们的行为是男性文化中的一部分，而不是精神疾病。

而受害者的情况正好相反。如果想让别人承认她们的痛苦，受害者就必须有一个创伤后应激障碍的诊断。换句话说，她们不得不承认自己患有精神疾病。遭受性侵的妇女只有在接受精神病学的诊断之后才能接受治疗。只有获得诊断，才能得到免费的或有补贴的咨询服务，才能在法庭审理或者医疗保险的听证会上获得更多的同情心。事实上，一些妇女因为没有表现出创伤后应激障碍的症状，而在法庭上成为她们并未遭受性侵的证据。尽管创伤后应激障碍只是性侵带来的众多负面后果之一，但这种精神病学的诊断变成了一种武器，它要求受害者都给自己贴上"创伤后应激障碍"这个标签。对"坏事件"的其他反应，比如哭泣或失眠，被列为其他问题的"症状"。把强奸受害者看作病人确实让人们看到了她们遭受的痛苦（强奸创伤），但这样做的代价是让妇女们重新背上了受害者的身份标签，重新承担了那份耻辱。此外，这一诊断过程对于弱势群体中的受害者也不利。通常情况下，只有社会地位高、受过良好教育的受害者才能获得必要的精神病学医生的帮助，从而在医疗和法律上充分利用创伤后应激障碍这一诊断。

第三，将心理创伤这一模式推广到全球，影响了心理上的治疗方案。特别是，它将受到侵犯后的诉说视为恢复健康以及重获力量的捷径时，更是如此。但是，这种幸存者可以通过诉说最终"接受"悲伤过往的假设，来自宗教忏悔的历史，以及世俗框架下的精神分析和认知行为疗法。这两种治疗方案都对善于表达和受过教育的受害者更为有利。正如女性主义者琳达·阿尔科夫（Linda Alcoff）和劳拉·格雷（Laura Gray）在1993年出版的《幸存者的诉说：越界还是康复？》(Survivor Discourse: Transgression or Recuperation?)一书中所说的那样，"打破沉默"可能会成为"对幸存者的一种强制性要求，迫使我们坦白一切，重新讲述遭受侵犯的细节，甚至在公开场合这样做。拒绝可能会被理解为意志薄弱或者假装受害"。[50] 学者贝丝·戈德布拉特（Beth Goldblatt）和希拉·梅因杰斯（Sheila Meintjes）对此表示赞同。面对许多妇女在南非真相与和解委员会面前拒绝承认遭受过强奸的这一事实，她们观察到，这些受害者本就处于社会底层，要求她们"放弃隐私"意味着"迫使这些女性放弃她们为应对性暴力创伤好不容易建立起来的机制"。[51] 杰西卡·杜阿尔特（Jessica Duarte）也同意这一观点，她问道——

> 如果她们谈论这件事的时候会失去尊严，该怎么办？我们将如何处理这个问题？遭受性侵这件事可能发生在10年前，这个女人可能已经自己治愈了创伤，并且从未丧失过尊严。现在我们却要求这个女人重新回忆她失去尊严的那段岁月。[52]

阿尔科夫和格雷认为，有必要承认，"生存本身有时就需要拒绝去复述，甚至拒绝去揭露和处理性侵或性暴力事件"。对女性来说，说出真相在情感、经济和身体上可能都比沉默带来的伤害更大。[53]

强调让幸存者去诉说，也忽略了受害者可以采用的其他应对方法。例如，沉默地冥想或者通过仪式去遗忘的做法，都能保护受害者的尊严，也可以在不同的社会中看到。例如，在19世纪的墨西哥，性侵受害者为保护自己，会拒绝谈论受到的伤害，认为只有无耻的女人才会公开谈论性方面的问题。[54]对于20世纪后期的卢旺达，我们也可以做出类似的评论。[55]

被西方女性主义者贴上"沉默"标签的东西可能在其他地方有不同的含义。来自莫桑比克的难民认为"遗忘"是有价值的；而在埃塞俄比亚，"主动遗忘"被认为是一种有效的治疗方法。[56]当然，我这么说并不是在夸大"西方和世界上其他地方"之间的分歧。毕竟，在危地马拉内战的玛雅难民中，有一半的女性和近40%的男性承认，谈论自己糟糕的经历有助于减轻痛苦。[57]一位柬埔寨的幸存的受害者特别明确地表达了讲述个人遭遇的好处。她指出——

> 以前，我在别人面前总是暗自羞愧。在我（与一位社会心理支持组织的成员）分享了自己的遭遇后，我不再介意与村民们谈论这件事了。他们肯定一直都知道真相——当我们被聚集起来等待杀戮或接受惩罚时，妇女们就会被强奸。我现在是一个老妇人了，没有人因为我讲出自己的遭遇而歧视我。事实上，我的邻居们都很钦佩我敢于讲出来。[58]

但是，这种忏悔式的诉说需要受害者按照法律条文或道德准则所形成的严格界限，挑选和构建她们的经历，这可能与她们自己创造出来的经历不一致。心理创伤咨询是根据美国人在越南的经验发展起来的，它现在被强加在完全不同的文化上。这些文化在对性、暴力以及对两者之间的关系上,有着截然不同的思考。

将心理创伤模型强加在所有性暴力的受害者身上,还存在一个更广泛的问题:它要求进行短期的、个性化的治疗,比如心理创伤咨询或认知行为疗法。对于经历过极端事件的人来说,这种治疗方法甚至可能被视为侮辱。来自波斯尼亚或索马里的难民将认知行为疗法和暴露疗法视为"把戏"。[59] 正如研究被迫迁徙问题的专家尼尔·布思比(Neil Boothby)所总结的那样,在"稳定和富裕的社会环境"中发展起来的"西方心理治疗模式"不适应"动荡和贫困的社会"。[60] 对于强奸和其他暴行的受害者来说,驱鬼、祈祷、讲故事、按手礼、阴阳力量的再平衡等其他传统的治疗方法都可能更有效。[61] 这也是跨文化心理学家尼克·希金博特姆(Nick Higginbotham)和安东尼·J.马尔塞拉(Anthony J. Marsella)在对东南亚的研究中提出的观点。他们认为,用"现代精神病学纯粹的世俗化解释"取代"本地传统的关于精神疾病的认识"是不行的。它"造成了一种认识论上的割裂,不符合许多非西方的传统宇宙观的说法"。[62] 它会毫不费力地滑向一种借治疗来主宰或文化帝国主义的形式,从而延续家长式和新殖民主义的做法。

最后,正如所有这些批评所暗示的那样,心理创伤模型在全球的普及巩固了西方的权力。它要求强奸受害者和照顾她们的人必须具有某些类型的知识,它用一种特定文化中的经验代替了当地人们对于宇宙的理解。用萨默菲尔德的话说就是,像创伤后应激障碍这样的概念及其治疗方法——

夸大了西方医疗机构和那些"专家们"的本事。这些人从遥远的地方定义了受害者的情况并提出了治疗方案。没有证据表明，受到战争荼毒的人们正在寻找这些外来的方法。这些方法忽略了他们自己的传统、意义、制度以及他们最关心的事情。[63]

这些项目涉及大笔资金——事实上，西方大型非政府组织资助项目的一个主要方式就是将这个项目包装成救助身患创伤后应激障碍的强奸受害者。[64] 更令人不安的是，性暴力的受害者如果想获得医疗或法律救助、庇护以及其他福利政策，可能会被要求表现出创伤后应激障碍的症状。[65]

★

今天，人们普遍认为，所有性暴力的受害者都会遭受类似的心理创伤——无论这些创伤的症状是否与创伤后应激障碍、强奸创伤综合征，或者更一般的"创伤反应"一致。但事情并不总是这样。本章从怀伊遭到多名施暴者的轮奸后的反应开始谈起。她的反应与西方自20世纪70年代以来信奉的强奸创伤综合征几乎没有任何相似之处。此外，尽管对创伤后应激障碍的诊断推广到了全球（通常由非政府组织和西方的"专家"推广到地缘政治中的南方国家当中），但我们更应该关注在不同的文化中，对性侵犯的不同反应。

很明显，心理创伤是一个规范性的概念。它将"正常"的性暴力（比如经常强迫女性以及其他少数群体和他人发生性关系）与过度的、因此具有"创伤性"的性暴力区分开来。受害者被贴上了"受害者"的标签。伤害了她的事成了她的人格，而不再仅仅是一件事。它成为一个人心中永远的痛，而不是一次结构性的或者社会层面的失败。因此，这种概念解体了人格，把伤害人身的物质暴力抛在一边，性暴力变成了针对个人心灵的东西。人们的注意力从身体上的伤口转移到了内心的伤口上。

最后，我们还必须分清经历痛苦事件和因此生病、随后发展为"应激障碍"的区别。

第九章 一个没有性暴力的世界

"*Youn-ede-lòt*"

（海地克里奥尔语：互相帮助）

本书用大量残酷的故事、调查和统计数据对读者进行"狂轰滥炸"。现在好消息终于来了——事情并非必然如此。通过建立和培养有效的联盟和抵抗策略，就有可能为所有人创造出一个没有性暴力的未来。

但实现这一点并不容易。对于那些试图建立一个没有性暴力的世界的人来说，最令人沮丧的谬论是，认为性暴力乃男性固有的性本能。许多评论家声称，这种形式的暴力是进化论中"根深蒂固"的原则，在所有文化中都是如此。[1]在写本书的时候，一些朋友甚至指责我是个无可救药的乌托邦式的空想家，竟然会相信真的存在一个没有性暴力的世界。但这就是我的看法。毕竟，身为人类，总会希望去寻求陪伴、合作、友谊和爱。

正因为如此，根除性暴力的第一步就是承认这一切并非不可避免，我们不必悲观。正如我们在前一章中看到的那样，即使在武装冲突中，性暴力在性质和程度上也有很大差异——在一些武装冲突中，很少发生性暴力。[2]例如，在印度旁遮普省1947年的战争中发生过大规模强奸事件，但在20世纪80年代到90年代的教派冲突中却没有这种事。[3]尽管在国际学者玛丽·卡尔多（Mary Kaldor）所说的"新战争"——针对叛乱分子或游击队的战争，以及武装部队和有组织犯罪之间界限模糊的战争中，强奸发生的可能性很高，[4]但在那些内部纪律和意识形态价值观都很严格的武装组织中，强奸发生的可能性较低。[5]

同样，像佩吉·里夫斯·桑迪（Peggy Reeves Sanday）、玛丽亚-芭芭拉·沃森-弗兰克（Maria-Barbara Watson-Franke）和克里斯汀·赫利维尔（Christine Helliwell）这样的人类学家和民族志学者，也在不断推动公众去关注那些在和平时期不存在强奸，或者强奸发生的可能性很小，或者强奸受到高度谴责的社会。桑迪在"人类关系区域档案项目"（Human Relations Area Files，该项目支持和传播跨文化研究）中开展的民族志研究和分析尤其著名，其研究结果显示，并非在所有的文化中都存在支持强奸的话语体系。[6]沃森-弗兰克的工作涉及北美洲、南美洲、大洋洲、亚洲和非洲的一些族群。在这些族群中，没有发生过强奸或者很少发生强奸；人们认为强奸是"一种可耻的行为，男人的阳刚之气和人性会因此受到质疑"。[7]赫利维尔研究了印度尼西亚婆罗洲吉莱地区的达雅族社区。女性主义者认为"在世界上的所有地方，男女之间'生理上'的差异都相同"，所以在各种文化中都存在男性强奸女性的现象。赫利维尔反对这种观点。[8]事实上，吉莱地区的达雅人认为，男人和女人"在本质上不是不同的人——没有什么男性气质和女性气质之分"。[9]他们不认为男性的攻击性有什么价值，甚至也没有"西方关于一个具有攻击性的、主动的男性细胞（精子）寻找并穿透一个被动的、不移动的女性细胞（卵子）的受孕概念"。[10]根据赫利维尔的解释，"和一个不必发生性关系的人发生性关系，几乎是不可想象的"。[11]

这类研究因为样本量小、专注于部落社会而受到批评。然而，我们不该忽视这些社会群体中低水平的性暴力现象，而将西方对于强奸的实践和经验当作放之四海而皆准的真理。桑迪、沃森-弗兰克和赫利维尔指出，在存在结构性不平等的社会中，强奸行为更为猖獗。强奸发生率较低的社会有这样几个特点：军事化程度较低、性别高度平等、女性具有经济权利。他们同样表明了本书的一个结论，即性暴力是在不平等和男性主义的环境中被煽动起来的。

立足本地，影响全球

对于桑迪、沃森-弗兰克和赫利维尔这样的人类学家和民族志学者的工作，一个合理的反驳就是："可是，在我生活的地方，性暴力猖獗，人们不断受到伤害。"对此，我们能做些什么？

很难精准说出哪种办法可以有效地解决性暴力高风险地区的问题——不是因为方法太少，而是因为方法太多。可供我们选择的策略非常多。人类令人惊叹的创造力为反强奸活动的社会人士提供了一系列令人振奋的选择。我们需要做的就是表现出倾听的热情和学习的意愿。至关重要的是，我们在设计、思考、规划和采取行动建立一个没有性暴力的世界时，必须在全球经济、意识形态和政治框架内关注当地的情况。我的观点是，每个地区的变化一点一点累积起来，就会推动全球的变革。

在接下来的几页中，我针对建立一个没有性暴力的世界提出的建议，并不是为了告诉社会活动人士应该怎么做。因为说到底，在我的所有工作中，我采用的都是横向主义（transversalism）的思想方法（我将在本章的末尾讨论），强烈地反对普遍主义的方法。我在本章中提出的观点，与其说是一种方法，不如说是一种环境。在我看来，这种环境有可能孕育出有效的行动。

我在全球框架内对地区特殊性的强调，也意味着本章的其余部分将不可避免地采用我个人的本地化立场，以及我作为社会主义女性主义者的政治认同。我的童年时期是在新西兰、赞比亚、所罗门群岛和海地度过的，我的世界观基本上是在那时形成的。特别是在海地，形成了我最重要的政治倾向。我的早期思想框架是在与他人、具体的实物对象和地点（尤其是英国和希腊）的互动中形成的，有它特定的历史和地理背景。这个框架让我对刑事司法系统是否愿意以及是否能够有效地挑战普遍存在的强奸文化产生了怀疑。这么说并不是在否认，法律和其他立法举措对提醒公众注意性暴力的普遍性和严重性至关重要。某些法律途径（比如恢复性司法）与女性主义的诉求是一致的。而且法律在确立官方认可的行为准则方面也可能很有效，比如认定丈夫强迫妻子发生性行为或者雇主对雇员进行性骚扰是错误的行为。然而，它在削弱对男性权利的持久假设以及偶尔表露出的厌女症方面，是无能为力的。

本书已经谈过，依靠国家刑罚体系来强行推广良好的做法，会造成一些危害。讽刺的是，反对强奸、提倡加强监禁的女性主义运动极大地增加了性暴力的风险程度，尤其是男性和非二元性别的人遭受性暴力的程度。同时，没有人真的相信，把施暴者关起来会起

第九章 一个没有性暴力的世界

到威慑作用。实施性暴力的男人要么不认为他们这么做是错的，要么不认为他们会被抓住、会受到惩罚——他们这么想很有道理。监禁可以把性犯罪者改造成正常人的观点一再被驳倒。事实上，在世界上的大多数监狱中，监狱长甚至都懒得假装改造计划是可行的。更可靠的说法是，把性犯罪者关起来会激发他们的愤怒，使他们变得更加残忍。与此同样相关的是，立法改革不公正地把某些人群当成罪犯看待。报复性司法不成比例地施加在有色人种和那些已经被剥夺了权利的人身上，比如穷人、精神病患者和性少数群体。互联网上的反性骚扰运动"Hollaback！"开始于2005年，目前在全球16个国家开展活动。它清楚地表达了这种反对囚禁的观点："用种族压迫取代性别压迫并不是一种恰当的反抗性暴力的方式。"[12]

对于治理性暴力这些治标不治本的解决方案，我同样不感兴趣。监狱改革（比如在监狱内引入更多的监控，鼓励夫妻之间的探视，或者告诉囚犯如何起诉未能防止性暴力的监狱官员），只是把问题推到了其他地方。[13] 在监狱之外，人们把更多注意力放在了为受害者提供庇护所、心理咨询、法律服务和日常生活的长效机制上。这些都是很重要的事情，但没有触动核心问题。这些措施可能会在不知不觉中助长人们居高临下，甚至指责受害者的情绪。要求那些容易受到伤害的人们检点自己的言行，保证自己的安全，并购买保险（比如在美国、南非和印度），[14] 确保在遭受性暴力后，能够负担得起适当的法律服务、治疗和咨询的费用——这些要求，往最好了说，也是有害的。建议女性"待在家里"的做法同样没用。家庭的生计往往依赖于妇女在土地、森林和集市上的劳动。而且，家庭环境中同样充斥着施暴者。[15]

还有的姑息性解决方案把重点放在受害者的身体上。许多女性主义者致力于确保性暴力受害者在医疗、心理、避孕和司法鉴定方面的需求得到满足。是的，这些事情非常重要。但同样，正如许多学者所观察到的那样，这些措施很容易被同化到专业的服务机构当中去，而这些服务机构更关心的是改善困难人群的生活或惩罚施暴者，而不是根除性暴力。这一点在克里斯汀·巴米勒（Kristin Bumiller）和罗斯·科里根（Rose Corrigan）的两本重要著作的副标题中得到了巧妙的概括。这两个副标题分别是"新自由主义如何利用了反抗性暴力的女性主义运动"（How Neoliberalism Appropriated the Feminist Movement against Sexual Violence）和"强奸改革与成功的失败"（Rape Reform and the Failure of Success）。[16] 治标不治本地"微调"这一系统的核心问题在于，它最终可能会使压迫变得理所当然。想活下去？可以，但要付出代价。

情境知识

要创造一个没有性暴力的世界，需要付出更多的、激进的努力。我是从一些女性主义者那里得到启发的。她们在不平等和多重压迫特别突出的环境中与性暴力作斗争，采取了急切的、彻底的行动。正如哲学家唐娜·哈拉维（Donna Haraway）所说，她们的"情境知识"激发了她们在反强奸行动主义中的创造性思维。[17] 社会学家钱德拉·塔尔帕德·莫汉蒂（Chandra Talpade Mohanty）甚至认为，在发展理论知识和革命性实践方面，边缘族群比那些更核心的族群拥有更多的"认知优势"。当然，她并不是在天真地宣称，"所有边缘族群都能产生出关于权力和不平等的重要知识"。她的观点其实是，"在第二世界以及第三世界中女性的生活、经历和斗争……在种族和性别方面，揭开了资本主义神秘的面纱"。这"在理论和实践上，为抵抗资本主义提供了有效的和必要的途径"。[18]哈拉维也提出了类似的观点。她认为，"不能限制人们用批判性的眼光重新审视、解码、解构和解释受压迫者的地位"。然而，受压迫者又是"最有价值的"，因为——

> 他们最不可能否认所有知识的批判性和解释性的核心……他们了解那些否认模式，知道人们如何通过压抑、遗忘和消失行为来否认——使用这些招数的人声称自己洞察一切，其实一无所知。

哈拉维继续说，受压迫者更有可能看穿普遍主义的"上帝的把戏"，以及所有"令人眼花缭乱的——因此也是盲目的——启示"。她认为，受压迫者的观点更有价值，因为它们似乎承诺要对这个世界进行更充分、持续、客观的变革性描述。[19]

莫汉蒂和哈拉维之所以要求社会活动家关注受压迫者的"情境知识"，部分原因在于她们都坚信，所有形式的暴政都是相互关联的。对社会活动分子来说，只关注一个维度上的压迫（比如厌女症）是远远不够的，因为统治体系是多层次的，是由多种压迫共同构成的。性暴力不是一个单独的或者孤立的事件。为了有效地应对强奸问题，关键是要认识到性暴力不（仅仅）和"个人"相关，也不（完全）是"个人政治"，甚至不是（具体的）性别压迫的工具。由于性暴力不能脱离其他政治、经济和社会文化上的不平等，试图根除性暴力的社会活动家需要将注意力从个体施暴者和个体受害者身上，转移到系统性的不公正上来。这些不公正是由性别歧视、种族主义、殖民主义、经济不公正、异性恋规范、跨性别恐惧症、军国主义、否认气候变化以及新自由资本主义（neoliberal capitalism）推动的。换句话说，如果不和其他进步事业联合在一起，反对性暴力的斗争就不可能存在、发展或改变世界。

"拉丁美洲推动经济转型红色妇女网"（Red Latinoamericana Mujeres Transformando la Economía，REMTE）为我们提供了一个很好的例子。它和其他运动结成联盟，认真对待嵌入整个系统的多种压迫手段。REMTE 成立于 1997 年，最初由智利、哥伦比亚、墨西哥、尼加拉瓜和秘鲁的妇女运动组成，后来扩展到 11 个拉丁美洲国家，和其他跨国运动建立了密切的联系，其中包括世界妇女游行运动（World March of Women）。[20] 她们的主要观点是，只有通过经济转型，女性生活中的其他压迫才能得到缓解。换句话说，她们认识到宏观层面的压迫和微观层面的转型之间存在着不可分割的联系。用 REMTE 一位社会活动家的话来说就是："我们迫切的任务就是将反对针对妇女的暴力与全球反对新自由资本主义的斗争结合起来。"[21] 最重要的是，REMTE 与其他妇女运动结盟。这些组织包括那些关注女性商品化和全球色情旅游业的运动，包括农民团体、非洲人后裔组织、反贫困团体、男性团体和反全球化组织。[22] 希望成功开展合作的意愿对合作的效力至关重要。正如一位社会活动人士所解释的那样，"我们的想法是寻找一个交会点（*un punto de encuetro*），并创建一套共同的话语体系"。[23] 在对拉丁美洲女性运动的评估中，人类学家萨莉·科尔（Sally Cole）和琳恩·菲利普斯（Lynne Phillips）承认，在反抗性暴力的各种组织之间，存在重大分歧。她们观察到，"一些组织将基于性别的暴力解释为医疗卫生问题，而另一些组织则将其视为发展问题，还有一些组织将其理解为强大的经济体系的产物"。这些差异可能会导致"对立的'差异政治'（politics of difference）"，从而分裂并削弱这些组织的努力。相反，REMTE 认识到"跨越差异建立战略联盟的重要性"。只有建立这样的联盟，才能"成功地把针对妇女的暴力行为看成一个全球性的、区域性的和国家性的问题，才能投入资源，给予认真的关注"。[24]

本地化、多样性、拥抱快乐以及亲身参与

REMTE 的例子体现了本书的一个中心论点：为了有效地反抗性暴力，我们必须拥抱差异，即使这样做不可避免地会在激进主义运动之中引发分歧和争议。我将在本章的最后一部分利用横向主义的概念详细阐述这一点。然而，在谈到有效反抗性暴力的这一压倒性前提之前，我想简单谈谈全球反抗性暴力运动的 4 个核心原则，即本地化、多样性、拥抱快乐以及亲身参与。

反抗性暴力的策略必须符合本地的需要，必须调动起本地社会活动分子的政治积极性。这些工作不能外包给外来者，也不能由外来者指挥。人们需要关注当地人反抗性暴力的实践——它们往往由少数群体实施，这些人没有机会在全球媒体或者知名平台上发声。至关重要的是，小型的、本地化的反抗不仅仅是一个等待被某个"官方女性主义运动"注意到并发展和强化的原始抵抗运动——它们是创造一个没有性暴力的世界的重要组成部分。

海地女性主义者在政治方面的努力就是有效支持本地反抗性暴力运动的一个例子。这些组织有："海地反家暴组织"（Haitians against Violence at Home）、"海地妇女团结组织"（Solidarite Fanm Ayisen）、"妇女之家"（Kay Fanm）以及"妇女权利"（Dwa Fanm）。这些组织开展教育活动，教育妇女认识家庭暴力并了解可以获得的救济手段。[25]2010年海地地震发生后，"妇女受害者互助委员会"（Komisyon Fanm Viktim Pou Viktim）和"妇女受害者自立自强"（Fanm Viktim, Leve Kanpe）等组织在海地开展的基层工作对帮助妇女及其家庭承受灾难至关重要。当外国非政府组织和跨国援助组织挥霍着数十亿美元的时候，这些当地组织以务实的方式对妇女们伸出了援手：她们鼓励女性说出自己遭受性暴力的经历，为受害者提供医疗援助和咨询服务，为夜间上厕所的妇女提供保护，并领导抗议游行。[26]在规模上，她们做的事不大；但在效果上，她们实实在在改变了当地妇女的生活。

不同的地方对正义的定义不同，不仅如此，不同的文化对正义的看法也不同。反抗性暴力的运动必然是多样化的。这意味着很多方面，这里我只提两个。首先，这一运动需要在人员方面具有包容性。其中包括那些想要加入这一运动成为其中一分子的男性。反抗性暴力的激进主义运动应该予以响应。反抗性暴力运动的社会活动人士不能疏远任何潜在的盟友。归根结底，减少并最终消除性暴力的政治努力必须从主要的施暴者，也就是顺性别的男性身上开始着手。其次，消除性暴力的策略也必须多样化。这里没有单一的模板。不过，这也的确意味着不同的女性主义策略会相互冲突。例如，由美国原住民妇女发起的反抗性暴力的运动就有可能不符合白人的、自由主义的女性主义理想。正如美国性别学者、原住民莎拉·迪尔（Sarah Deer）所解释的那样，"简单地复制英美模式，无助于理解原住民妇女经历的性暴力的独特性质和特殊背景"。事实上，她认为，白人女性主义者对付性暴力的方式甚至可能会加剧她们族群内部的性暴力程度。[27]

不同的社区有不同的优先事项。虽然"西方"的许多女性主义者可能会敦促地缘政治中的南方国家的社会活动家首先要改变和强奸相关的法律（她们称之为改革），但这可能并不是那些本地女性主义者的首要任务。很多第一世界中的女性主义者，持有反国家主义和反民族主义的观点，这些也可能与第三世界中的女性主义者不一致。事实上，哲学家兰朱·赛奥都·赫尔（Ranjoo Seodu Herr）一针见血地指出，对于许多第三世界中的女性主义者来说，民族国家是反抗性暴力的重要场所。虽然她呼吁她的同事们不要"把国家政治舞台让给父权制的民族主义者",但她也敦促她们"坚持自己和国家中的其他成员一样生活在这个族群中,并要求自己的权利,参与国家治理"。[28]

在全球女性主义者反抗性暴力的运动中,宗教是另一个会产生争议的地方。许多世俗的女性主义者反对宗教对这一运动的干预,理由是犹太教、基督教和伊斯兰教的价值观和具体做法是仇恨女性的意识形态的来源。但还有不少女性主义者对此表示异议。伊斯兰的女性主义在世界上的很多地方都是一股强大的力量。在柬埔寨,佛教寺庙是性暴力受害者寻求庇护和康复的地方。[29] 由佛教僧侣和本地传统的治疗师在布料或金属上绘出的神奇的图案,称为"具"(*yantra*),可以保护人们免受性暴力的侵害。在遭受性暴力后,舒缓精神的仪式也可以起到治疗作用。[30] 危地马拉内战中的玛雅族幸存者也得到了本地传统治疗师的救助。他们使用草药和治疗仪式——也就是所谓的"*limpias*"(精神净化),可以帮助性暴力的幸存者或者其他暴行的幸存者恢复坚韧的精神。[31] 在海地,人们经常使用伏都教的教义对抗性暴力和家庭暴力。[32] 伏都教在历史上与反奴役运动有着很多的联系,它强调精神在日常人际交往中的作用,以及女性在精神世界中的突出作用,它还强调男女平等。这些都赋予伏都教特别强大的向善的力量。伏都教会创造出"女强人"(*fanm vanyan*)。

如果前两个原则是本地化和多样性,第三个原则就是拥抱快乐。反抗性暴力的运动往往令人疲惫、失望和沮丧。这是不可避免的。但是,如果想赋予女性和其他受压迫者权力,同时鼓励男性和其他潜在的压迫者参与，就必须采取更积极的、具有创造性的行动。虽然我们不能低估未来任务的艰巨性——毕竟，在美国和世界上的其他国家中，残害妇女的犯罪行为都很猖獗——但反抗性暴力的运动必须是吸引人的，甚至是令人神往的。只有这样，它才能改变人们的心灵和思想。

社会活动人士会受到艺术、文学、诗歌、电影、戏剧表演和音乐的鼓舞。诗人艾德丽安·里奇反思了所有形式的艺术表达，认为它们的重要性不是作为"对人类苦难的高高在上的、隔岸观火式的呈现"，而是一种"反抗形式，一种极权体制想要压制的反抗形式"。她坚持认为，艺术和文学能够"深入我们的内心，让我们感受到那些仍然充满激情、仍然无所畏惧、仍然未被熄灭的东西"。英国前首相玛格丽特·撒切尔为了宣传她的新自由主义政策创造了一个著名的短语"别无选择"（There Is No Alternative），并因此被昵称为"蒂娜"（TINA）。然而，里奇认为，"想象力的道路在我们面前敞开着，足以证明'别无选择'是谎话"。里奇坚持认为，"当诗歌将手搭在我们肩头的时候，我们会真真切切感受到那种触摸，并深受感动"。[33]

里奇说得没错。创造性的激进主义运动在情感上"感动"了世人，"身体真真切切感受到了那种触摸"。激进主义最有效的时刻就是"将手搭在我们肩头的时候"。其他人的参与，比如讲述自己经历的幸存者的参与，其力量是巨大的。回忆录《柏林的女人》（*A Woman in Berlin*）的作者玛尔塔·希勒斯（Marta Hillers）也是性暴力的幸存者。她在谈到 1945 年柏林大规模强奸事件发生后，女性如何应对时，也暗示了这一点。希勒斯认为，遭到强奸的经历——通常是多次的——"需要我们共同克服"。幸存者们"通过谈论自己的经历，倾诉自己的痛苦，并允许他人倾诉她们的痛苦，来帮助彼此"。[34]

近年来，在 #MeToo 运动以及各国类似的运动中，希勒斯提到的性暴力幸存者发自内心地"诉说自己遭受的苦难"的构想终于成为现实。然而，尽管它的影响力无可争议，但具有讽刺意味的是，女性主义话题标签有可能将社会互动变成电脑屏幕前孤立个体的相遇。因此，有必要强调的是，对于人们聚集在一起抗议并要求变革的力量，话题标签只能起到促进和补充的作用，而不是替代的作用。顽强的人们肩并肩地站在一起，这一行为具有的颠覆性力量，不是网上敲敲键盘就能代替的。亲身参与反抗的过程；在抗议期间与他人发生的社会互动本身就是政治性的。正如法国哲学家莫里斯·梅洛－庞蒂所说的那样："身体不仅是我们拥有的东西，它还是我们本身。"[35]

从智利一部全球巡演的歌舞剧《拦住你去路的强奸犯》(*Un Violador en Tu Camino*) 中，你可以看到这一点。这是一部由群众表演的歌舞剧，由来自瓦尔帕莱索的女性主义团体 Las Tesis 创作，最初于 2019 年 11 月 25 日在"消除对妇女的暴力行为国际日"(International Day for the Elimination of Violence against Women) 上进行了表演。表演时，成群的妇女聚集在公共广场上，一边唱歌，一边跳着简单但引人注目的舞蹈（包括蹲在地上，摆出被警察搜查时被迫摆出的姿势）。部分歌词是这样的：

> 这是对女人的残害。
>
> 凶手仍逍遥法外。
>
> 我们却消失不见。
>
> 这是强奸！
>
> 这不是我的错，
>
> 不是我来错了地方，
>
> 不是我穿错了衣服。
>
> （唱3遍）……
>
> 你以前就是强奸犯，
>
> 你现在还是强奸犯。
>
> 是警察，
>
> 是法官，
>
> 是体制，
>
> 是总统，
>
> 这个压迫人的国家就是一个大男子主义的强奸犯。

世界各地的妇女都根据当地的情况对这个剧进行了改编。这一行动传递的关键信息就是，问题是多层次的——体制出了问题，但你（那个强奸犯）要对此负责。这是一场蔑视等级制度的、展示团结和反抗的、为自己赋权的盛大的行动。是否亲身参与其中，会影响一个人的思维方式。不屈的身体催生出不屈的政治。

横向主义

本章到目前为止，我已经指出了全球反抗性暴力运动都要遵循的4个核心原则：本地化、多样性、拥抱快乐和亲身参与。这些原则根植于横向主义的总体概念中，它可以帮我们超越或穿越普遍主义。横向主义的拉丁语词根"trans"就是穿越的意思。这正是我在本书的结论反思中要谈的问题。

如果想创造一个没有性暴力的世界，我们就要联合政治、经济和文化方面所有进步的团体。这并不简单。虽然性暴力是一种明确的"错误行为"，但这并不意味着建立联盟是容易的。正如我们在本书的前言中看到的那样，即使是最基本的问题——"什么是性暴力？"——也是有争议的。例如，女性割礼算性暴力吗？

对于该采取什么策略，也使我们产生分歧。那些激进的女性主义者认为，性暴力是由男性大量消费色情产品造成的。这类女性主义者不太可能被那些对性的看法更正面、主张生产更好（而不是更少）的色情产品的女性主义者说服。那些认为回归家庭价值观才能解决强奸文化泛滥的人，也不会突然被那些宣扬性解放的人说服。美国那些支持社会主义、女同性恋的女性主义者和古巴边缘化同性恋的社会主义女性主义者之间，也有一道鸿沟。[36]在全世界那些执法系统薄弱的地区，治安维持主义是必要的，但西方女性主义者对此嗤之以鼻，而白人女性主义者中很多拥护监禁和惩罚手段的看法被视作种族主义。一些人认为，男性反强奸活动人士会扭曲反强奸运动，将女性的资源引向政治上占主导地位的性别。另一些人（比如我自己）则认为，为了推动更激进的变革，必须包容所有不同的性别。正如我们在本书中看到的那样，在寻求根除性暴力的人们中间，并不存在一个普遍主义的视角：知识是地方化的、多样化的。

那么，如何形成女性主义者的团结？我在横向主义中找到了灵感。这一概念是20世纪90年代初由博洛尼亚的社会活动人士提出的。事实证明，它促成巴勒斯坦和以色列的女性主义者进行了富有成效的对话。包括尼拉·尤瓦尔－戴维斯（Nira Yuval-Davis）在内的众多在工作中使用横向主义概念的学者感兴趣的是，如何让那些彼此视为对手的人，在共同的目标下达成谅解。就本章而言，这一共同目标就是根除性暴力。

横向主义源于这样一种基本信念：每个人都是从自己的立场出发认识世界的，因此，所有知识都是局部的、不完整的。[37]尤瓦尔－戴维斯呼吁我们要实现一种转变，从身份政治（我们是"谁"）转变到目标导向的政治（"我们要实现什么"）。[38]这种转变并不要求社会活动分子否定他们的自我身份：毕竟，尽管我们每个人的身份都是复杂的、不断变化的，但我们每个人都承载着个人的历史、社会和经济背景，以及个人有意无意间的经历。横向主义要求社会活动分子承认我们的情境知识，同时热切地回应他人的知识。正如尤瓦尔－戴维斯所主张的那样："在任何形式的联盟以及团结政治中，保持自己对事物的看法，同时领会和尊重他人的看法，都是至关重要的。"[39] 这包括认清自己在历史节点中的交互位置（尤瓦尔－戴维斯称之为"扎根"），并关注对他人重要的事情（也就是根据他人的思想、需求和欲望进行"转变"）。[40] 用国际法学者、女性主义者希拉里·查尔斯沃思（Hilary Charlesworth）的话来说就是："每个女性都'扎根于'自己的历史和身份当中，同时在对话中不断'转变'，以理解其他女性的思想根基。"这里有两个前提条件：横向主义"不意味着失去自己的根基和价值，也不应使'其他'女性失去她们的根基"。查尔斯沃思解释说，横向主义"与普遍主义不同，它允许你从多个角度出发，而不是假设所有社会都有同一个普遍的价值基础"。[41] 换句话说，横向主义让人们注意到一个事实，即普遍主义只不过是乔装改扮的民族中心主义。它用文学学者弗朗索瓦丝·利奥内（Françoise Lionnet）和史书美（Shu-Mei Shih）提出的"横向交流"代替了建立在权力地位上的等级模型。[42] 统一和同质化的幻想被抛弃了。为了建立一个反抗性暴力的联盟，我们必须拥抱差异，接受参与者的基本立场，并在此基础上团结起来，共同实现同一个战略目标——根除性暴力。

这意味着，为了在承认差异和分歧的基础上实现团结，女性主义者应该放弃对于共同女性身份的执着。事实上，我们可以更有力地把它表述为：认识到我们每个人的知识都是"未完成的情境知识"，这是联盟成功的基础。用哈拉维的话说就是——

> 不管如何伪装，自我认知都是有局限的，从来都不是完成的、

完整的、就在那里等着你的东西，也没有什么原始的自我；它总是不完美地构建和缝合在一起。因此，它可以和另一个人的自我团结在一起，形成共识，而不是把自我变成另一个人的自我。[43]

这一论点在个体层面和集体层面同样适用。个体是在与他人的互动中形成的。自我是灵活的、辩证的，和他人一起共同构建的。这意味着，创造主观自我感觉的人际关系不是自然产生的，而是在权力关系中产生的，包括统治与被统治的关系。如果我们不承认权力的影响，如果我们不拥抱差异，就无法有效地建立起根除性暴力的联盟。用文化研究学者林内尔·塞科姆（Linnell Secombe）的话说就是——

> 破坏某个共同体的不是分歧、抵抗和煽动。相反，以团结和共识的名义压制差异和分歧，才真正破坏了人们对共同体的参与以及他们之间的相互关系。[44]

来自少数群体的社会活动人士对此很熟悉。正如我们在本书前面章节中看到的那样，即使是美国早期的女奴运动领导人也警告说，认为女性可以在"共同的利益"上团结起来，这种假设是有局限性的。惨痛的经验暴露了这样一个事实：建立"共同基础"的努力，只会有利于那些在社会、经济和政治上占据主导地位的所谓"伙伴"。因此，反抗性暴力联盟必须解决包容性的问题。政治哲学家艾瑞斯·马里昂·扬（Iris Marion Young）将包容性定义为：受决策影响的人"被纳入决策过程，并有机会影响决策结果"的程度。在本章的语境中，这一决策就是为根除性暴力这一共同目标而确定的最佳策略。在实践中，包容性的女性主义要求反抗性暴力的社会活动人士"鼓励相对边缘或弱势群体的独特视角得到具体的表达"。[45] 为了实现这一目标，需要明确处理联盟内部的支配关系，并创造一个平台，让边缘群体不仅可以发言，而且可以质疑他们在社会、经济和政治上占主导地位的盟友。

因为普遍主义、本质主义和身份政治是建立一个有效的反抗性暴力联盟的障碍，社会活动人士应该放弃那种只和"与我们相似的人"合作的做法。但这并不是说我们应该放弃和那些与我们的目标一致而政治手段和认识论不同的人们展开争论。对于本地化、多样性、具有情境知识的政治生物来说，意见不同是必然的。然而，为了这一跨国运动的团结，这些不同的意见可以在一个更广泛的、以根除性暴力为目标的联盟中，分开（并同样积极地）实现。

★

我是乐观主义者。在建立一个没有性暴力的世界这一主张上，每个族群都有丰富的知识，可用来满足它特殊的需要和愿望。摆在我们面前的，是一幅公众和个体不断反抗的美丽织锦画，令人鼓舞。它为我们带来了希望。无论我们是什么人——学者、家庭主妇、劳力者、店主、秘书、出版商、记者、公务员、教师、学生、艺人、小说家、艺术家、律师、医生、科学家、失业者等——都能在自己所处的环境中发挥作用。本书的每一章都提供了具体例子，人们正是在这么做、这么行动的。只有我们每个人都发挥自己的专长、技能和影响力，才能开展有效的行动。为了达到我们共同的目标——建立一个没有性暴力的世界——有两个强有力的工具：交叉性（提醒我们注意差异）和横向主义（提供一种在包容差异的同时共同行动的方法）。横向主义强调，我们需要关注人与人之间的差异和族群之间的差异：它鼓励彼此有冲突的联盟，而不是合并成一体。实现真正的团结需要交流，我们要把重点放在减少或根除性暴力的政治、经济和社会计划上。这一任务需要每个全球公民都在政治、意识形态和言论方面付出努力。

扫码阅读本书
注释和参考文献

致谢

感谢过去10年中所有与我分享你们故事的性伤害幸存者。我从你们身上学到了很多。没有你们的真知灼见，这本书不可能问世。《耻辱》这本书写了很多年，所以，这份名单上的人太多了。我想说的是，你们的帮助和鼓励对我而言弥足珍贵。特别要提的是惠康信托基金，它为SHAME项目（性伤害和医疗经历）提供了财政、行政和学术上的支持。作为SHAME项目的首席研究员兼负责人，能和一群优秀的人共事，我深感荣幸。还要感谢Rhea Sookdeosingh，她在指导公众积极参与SHAME项目时那富有想象力的思维和不懈的努力，彻底提升了项目的面貌。与同事以及SHAME项目成员沟通交流，对我的写作思路产生了重大影响：我由衷地感谢Louise Hide、Caitlin Cunningham、Ruth Beecher、Stephanie Wright、Rhian Keyse、George Severs、James Gray、Adeline Moussion、Emma Yapp、Allison McKibban、Charlie Jeffries、Julia Laite、Matt Cook以及Marai Larasi。我们与许多致力于改善女孩、妇女和少数群体生活的组织合作。我非常喜欢和Jude Kelly指导的WOW基金会的所有同人一起工作。我在新西兰、澳大利亚、瑞士、英国和希腊的家人和朋友对我的项目给予了极大的信任和鼓励。在写作本书的过程中，我得到了伦敦大学伯贝克学院的同事、管理人员以及学生们的关心和支持。伯贝克学院是一个鼓舞人心的工作场所，它不仅有大量卓越的研究人员，还有历史、经典和考古系的高尚学院精神，以及无与伦比的学生团队。The Wylie Agency 的 James Pullen 多年来一直是我坚强的后盾。作为出版商，Reaktion Books 非常出色。本书的完成还得益于 Michael Leaman、Martha Jay、Alex Ciobanu、Maria Kilcoyne 和 Fran Roberts 热情、高效的工作。最后，本书特别致敬 Costas Douzinas——女性主义者、知识分子、活动家以及我人生的伙伴。

图书在版编目（CIP）数据

耻辱 /（英）乔安娜·伯克著；李小霞译. —北京：中国工人出版社，2023.4
书名原文：Disgrace: Global Reflections on Sexual Violence
ISBN 978-7-5008-8175-9

Ⅰ.①耻… Ⅱ.①乔…②李… Ⅲ.①世界史—现代史—研究 Ⅳ.①K15

中国国家版本馆CIP数据核字（2023）第071463号

著作权合同登记号：图字01-2022-5099

Disgrace: Global Reflections on Sexual Violence by Joanna Bourke was first published by Reaktion Books, London 2022. Copyright © Joanna Bourke 2022
Rights arranged through CA-Link International LLC

耻 辱

出 版 人	董 宽
责任编辑	董芳璐
责任校对	张 彦
责任印制	黄 丽
出版发行	中国工人出版社
地 址	北京市东城区鼓楼外大街45号 邮编：100120
网 址	http://www.wp-china.com
电 话	（010）62005043（总编室） （010）62005039（印制管理中心）
	（010）62001780（万川文化出版中心）
发行热线	（010）82029051 62383056
经 销	各地书店
印 刷	宝蕾元仁浩（天津）印刷有限公司
开 本	880毫米×1230毫米 1/32
印 张	9.25
字 数	350千字
版 次	2024年7月第1版 2024年7月第1次印刷
定 价	68.00元

本书如有破损、缺页、装订错误，请与本社印制管理中心联系更换
版权所有 侵权必究